A nova física. A biologia. A cosmologia.
A genética. As novas tecnologias.
O mundo quântico. A geologia e a geografia.
Textos rigorosos, mas acessíveis.
A divulgação científica de elevada qualidade.

UNIVERSO
da CIÊNCIA

1. Deus e a Nova Física - *Paul Davies*
2. Do Universo ao Homem - *Robert Clark*
3. A Cebola Cósmica - *Frank Close*
4. A Aventura Prodigiosa do Nosso Cérebro - *Jean Pierre Gasc*
5. Compreender o Nosso Cérebro - *Jean-Michel Robert*
6. Outros Mundos - *Paul Davies*
7. O Tear Encantado - *Robert Jastrow*
8. O Sonho de Einstein - *Barry Parker*
9. O Relojoeiro Cego - *Richard Dawkins*
10. A Arquitectura do Universo - *Robert Jastrow*
11. Ecologia Humana - *Bernard Campbell*
12. Fronteiras da Consciência - *Ernst Poppel*
13. Piratas da Célula - *Andrew Scott*
14. Impacto Cósmico - *John K. Davies*
15. Gaia - Um Novo Olhar Sobre a Vida na Terra - *J. E. Lovelock*
16. O Espinho na Estrela do Mar - Robert E. Desiwitz
17. Microcosmos - *Lynn Margulis e Dorion Sagan*
18. O Nascimento do Tempo - *Ilya Prigogine*
19. O Efeito de Estufa - *Fred Pearce*
20. Radiobiologia e Radioprotecção - *Maurice Tubiana e Michel Bertin*
21. A Relatividade do Erro - *Issac Asmov*
22. O Poder do Computador e a Razão Humana - *Joseph Weizenbaum*
23. As Origens do Sexo - *Lynn Margulis e Dorion Sagan*
24. As Origens do Nosso Universo - *Malcolm S. Longair*
25. O Homem na Terra - *Pierre George*
26. Novos Enigmas do Universo - *Robert Clarke*
27. História das Ciências - *Pascal Acot*

HISTÓRIA DAS CIÊNCIAS

Título original: *L'histoire des Sciences*

©Presses Universitaires de France

Tradução: José Espadeiro Martins

Revisão da tradução: Pedro Bernardo

Capa de Edições 70

Depósito Legal n.º 172137/01

ISBN 972-44-1074-9

Direitos reservados para língua portuguesa
por Edições 70 - Lisboa - Portugal

EDIÇÕES 70, LDA.
Rua Luciano Cordeiro, 123 - 2.º Esq.º – 1069-157 LISBOA / Portugal
Telef.: 213 190 240
Fax: 213 190 249
E-mail: edi.70@mail.telepac.pt
www.edicoes70.com

Esta obra está protegida pela lei. Não pode ser reproduzida
no todo ou em parte, qualquer que seja o modo utilizado,
incluindo fotocópia e xerocópia, sem prévia autorização do Editor.
Qualquer transgressão à Lei dos Direitos do Autor será passível de
procedimento judicial.

Pascal Acot

HISTÓRIA DAS CIÊNCIAS

edições 70

À memória de Pierre Thuillier

INTRODUÇÃO

A HISTÓRIA DAS CIÊNCIAS NA ACTUALIDADE

A expressão "história das ciências" pode ser entendida de duas maneiras: num primeiro sentido, significa o desenvolvimento de determinadas ciências na história. Esta história das ciências trata do desenvolvimento, no passado, da matemática, da física, da biologia, etc. Aí serão colhidos os exemplos que daremos. Num segundo sentido, a expressão "história das ciências" remete para a própria disciplina e para os problemas filosóficos e epistemológicos[1] que se levantam, quando tentamos realizar estas histórias sectoriais. É neste segundo sentido que deverá entender-se a finalidade deste livro.

I. A finalidade da história das ciências

«A finalidade de uma disciplina é tanto a sua intenção, o seu desígnio ou o seu objectivo, como a própria matéria à qual se aplica o seu estudo específico»[2]. Naquilo que à história das ciências diz respeito, verificaremos que estes dois conceitos estão longe de ser

---

[1] Cf. à frente, II, 1: Epistemologia, "filosofia das ciências" e teoria do conhecimento.

[2] G. Canguilhelm (org.), *Introduction à l'histoire des sciences,* ob. col., vol. II, Paris, Hachette, 1971, p. 7.

estranhos um ao outro. É por esse motivo que abordaremos sempre as questões teóricas através de breves estudos de caso.

1. Considerar as problemáticas. — Em *A Origem das Espécies*, nas últimas linhas do capítulo intitulado "A luta pela existência", pode ler-se esta estranha afirmação, saída da pena de Charles Robert Darwin (1809-1882): «O pensamento desta luta universal provoca-nos tristes reflexões; mas podemos consolar-nos com a certeza de que a guerra na Natureza não é incessante, que nela o medo é desconhecido, que a morte geralmente é rápida e que só as criaturas vigorosas, saudáveis e felizes sobrevivem e se multiplicam». Que pensar destas afirmações, quase cento e cinquenta anos depois de terem sido publicadas? Somos espontaneamente tentados a julgá-las do cume do nosso século: pensamos que a luta pela existência, no sentido darwiniano, não é "universal" estritamente falando, visto que o ser humano consegue agora escapar-lhe, que ela não provoca necessariamente "tristes reflexões", que a palavra "guerra" é hoje pouco apropriada em etologia, que é cientificamente arriscado afirmar – no contexto da ciência do ser vivo na década de 1860 – que o medo é desconhecido na Natureza, que a ideia de rapidez da morte envolve um juízo de valor discutível e que a ideia de "felicidade" animal é simultaneamente antropocêntrica e arbitrária, se não desprovida de sentido.

Poderíamos emitir todos estes juízos retrospectivos, mas o seu interesse não ultrapassaria o nível de verificação da diferença entre duas situações culturais distintas na história. Escapar-nos-ia o processo de passagem de uma à outra, tal como os seus respectivos sentidos profundos. Voltaremos com frequência a este ponto essencial: fazer a história das ciências não consiste em julgar o passado utilizando a bitola do presente. O ecologista, que se tornou historiador da ciência medieval, Alistair Cameron Crombie (1915-1996) desde 1958 formulou a questão da seguinte maneira: «Uma vez que a ciência realiza autênticos progressos, fazendo descobertas e denunciando os erros, somos tentados quase irresistivelmente a considerar as descobertas do passado como simples antecipações e contributos para a ciência moderna e a anular os erros, por não levarem a nada (...);

INTRODUÇÃO

esta tentação (...) pode conduzir à forma mais insidiosa de falsificação da história»([3]).

Falsificação que reside essencialmente na sinalização implícita do movimento histórico sob a forma de um progresso contínuo. E é isso que fará dizer a Georges Canguilhem (1904-1996), alguns anos mais tarde, que: «(...) o passado de uma ciência no presente não deve confundir-se com essa mesma ciência no passado»([4]). O tema da história das ciências há-de estar sempre em debate, visto que as condições em que esta disciplina é praticada estão em contínua alteração. No entanto, nos nossos dias, todos concordam pelo menos com esta ideia simples: trata-se mais de descobrir e de compreender os problemas que os eruditos se colocavam antes de conseguir resolvê--los, do que enumerar sucessões de resultados. Hoje, em história das ciências, o que se considera são as "problemáticas"([5]).

Assim, a publicação por Charles Darwin da obra *Sobre a Fecundação das Orquídeas pelos Insectos e sobre os Bons Resultados do Cruzamento* imediatamente após *A Origem das Espécies,* poderia parecer apenas um progresso importante no estudo das adaptações recíprocas; trata-se, no entanto, também do primeiro culminar de um questionamento fundamental, já presente em *A Origem...*, sobre a existência de certos órgãos complexos, como o olho dos mamíferos. Esta complexidade e o facto de parecer que as estruturas foram concebidas *para* exercer as suas funções, levava nessa altura a água ao moinho dos criacionistas: «O pensamento de que a selecção natural pôde criar um órgão tão perfeito como o olho, parece de molde a fazer recuar o mais ousado (...). Nos casos em que não se conhecem estados intermédios ou de transição, não se deve concluir apressada-

---

([3]) A. C. Crombie, *Histoire des sciences, de saint Augustin à Galilée (400-1650),*t. I, Paris, PUF, 1959, p. 2-3.

([4]) G. Canguilhem, *Idéologie et rationalité dans l'histoire des sciences de la vie,* J. Vrin, 1981, p. 15.[*Ideologia e Racionalidade nas Ciências da Vida,* Lisboa, Edições 70]

([5]) Uma "problemática" é um conjunto estruturado de questões, estabelecido, explicitamente ou não, a partir de dados trabalhados pelo sujeito cognoscente a fim de resolver um problema preciso ou de saber que ele não tem solução.

11

mente que esses estados nunca existiram, pois as metamorfoses de muitos órgãos provam, pelo menos, a possibilidade de alterações espantosas de função. Por exemplo, é provável que uma bexiga natatória se tenha transformado em pulmão».

Sobre a fecundação das orquídeas desenvolve, pois, através de um discurso sobre as co-adaptações, a ideia de que determinados órgãos podem ter, hoje, funções diferentes das que tiveram no passado, como se a selecção natural, — à semelhança do topa-a-tudo, que reutiliza determinados objectos para fins diferentes daqueles para que foram concebidos — pudesse conduzir à "reutilização" de determinados órgãos, de forma a executarem, a partir de certa altura, novas funções. Uma simples história do positivismo científico, legado pelo autor de *A Origem das Espécies,* não favoreceria a apreensão daquilo que uma reflexão sobre a problemática darwiniana, no decurso da década de 1860, nos permite compreender([6]).

2. Pensar os processos. — No entanto, nenhum historiador escapa à sua própria historicidade ([7]) «O historiador das ciências sofreria uma perda enorme se não apelasse para os conhecimentos superiores de hoje, para avaliar as descobertas e as teorias de ontem»([8]) O que Gaston Bachelard (1884-1962) afirmava já em 1951: «(...) o historiador das ciências, para bem julgar o passado, deve conhecer o presente; deve apreender o melhor possível a ciência cuja história se propõe escrever»([9]) Mas, repetimos, esta necessidade não deve levar os historiadores das ciências a passarem ao crivo as obras científicas do passado, para separarem o que hoje é considerado verdadeiro

---

([6]) Cf. C. R. Darwin, *De la fécondation des orchidées par les insectes et des bons résultats du croisement,* prefácio de P. Acot, Paris, Editions Sciences en situation, 1999.

([7]) Mesmo se alguns são por vezes tentados a crer ou a fazer crer o contrário: a ideia de "objectividade" em história, ou a de imprensa "objectiva" são imposturas que têm a vida longa.

([8]) A.C. Crombie, *Histoire des sciences..., op. cit.* p. 2

([9]) Gaston Bachelard, *L'actualité de l'histoire des sciences,* Paris, Conferência no Palácio da Descoberta, 1951, p. 9.

INTRODUÇÃO

daquilo que é considerado errado ([10]) ou de reter apenas, na multidão de obras passadas, aquelas que, retrospectivamente, parecem progredir rumo à modernidade, como se elas "avançassem ao nosso encontro" e, portanto, como se a história fosse orientada. Num jogo como este, efectivamente, só poderíamos sair perdedores, visto que o erro científico pode ser de uma espantosa fecundidade e trazer nele próprio as sementes de um discurso verdadeiro acerca dos fenómenos estudados.

Assim, foram de facto as imprecisões da cosmologia de Ptolomeu (*c.* 90-*c.*168) que levaram Nicolau Copérnico (1473-1543) a propor um modelo de sistema solar em que rompia simultaneamente com o heliocentrismo e com a uniformidade dos movimentos circulares, mas em que recorria a epiciclos, a fim de dar conta das irregularidades aparentes das órbitas planetárias, tal como o astrónomo alexandrino. O que interessa ao historiador da astronomia não é, pois, a simples comparação entre os dois sistemas, mas o processo de passagem de um a outro, com os aspectos que a revolução copernicana tinha de inovadora e os que conservava da concepção de um mundo do qual, contudo, esboçava já a destituição.

II. Universos afins

A história das ciências não é uma disciplina unificada. É até legítimo colocar a questão da sua existência como disciplina "geral": será simplesmente possível realizar *uma* história *das* ciências, sem ser como uma espécie de teoria da história de determinadas disciplinas científicas? Esta questão não se põe apenas devido à explosão inevitável da história "geral" das ciências em histórias sectoriais (história da biologia, da física quântica, da matemática, etc.). Efectivamente, a realização da história das ciências supõe sempre o recurso a disciplinas e a domínios do saber que lhe estão próximos: a epistemologia, a filosofia das ciências, a sociologia das ciências, até mesmo a psicologia dos cientistas e, por que não?, a sua etnologia. Somos, assim, tentados a considerar a história das ciências como uma disciplina-encruzilhada. Mas qual é a ciência não formal que o não

---

([10]) No entanto, subsistem excepções, como veremos no capítulo II.

é? Pensando bem, qualquer disciplina pertencente a uma ciência do real não formal pode ser considerada uma "disciplina-encruzilhada": pensemos na física, na química, na geologia, na geografia, na ecologia, na botânica, na entomologia, etc. Isto é verdade não apenas para a história geral das ciências, se ela for realmente possível, mas também para a história de cada ciência em particular. O real é observado e pensado pelos cientistas através de uma rede de disciplinas ligadas umas às outras por múltiplos elos. Posto isto, podemos, nos limites desta introdução, tentar ver mais claro no entrosamento das correntes disciplinares e dos estilos de pensamento utilizados na história das ciências contemporâneas.

1. Epistemologia, "filosofia das ciências", teoria do conhecimento. — O historiador das ciências Pierre Thuillier (1932--1998) definiu estes domínios com o seu característico humor e distanciamento a respeito destas palavras: «O simples facto de se hesitar entre duas denominações é revelador: ora se diz epistemologia (é uma palavra que tem um ar sério, "científico"), ora se fala de filosofia das ciências (expressão que tem um ar mais "literário" e desperta mais a desconfiança)»([11]). A isto acrescentava ele que, onde os Franceses utilizam a palavra "epistemologia", os Anglo-saxónicos preferem a expressão "filosofia das ciências". No entanto, podemos considerar que, em França, se reserva de preferência a expressão "filosofia das ciências" para remeter para as teorias filosóficas do conhecimento – como as de Platão (427-347), de Descartes (1596--1650) ou de Kant (1724-1804) – nas quais são abordadas questões como a possibilidade e os limites do conhecimento, a autonomia do sujeito cognoscente ou a especificidade do pensamento humano ([12]).

([11]) P. Thuillier, *Jeux et enjeux de la science. Essais d'épistémologie critique*, Paris, Robert-Laffont, 1972.

([12]) O termo "gnoseologia" designou durante muito tempo a teoria marxista do conhecimento, ou seja, o "estudo histórico e crítico do movimento de conjunto do pensamento como reflexo da matéria, ou da matéria reflectida pelo pensamento" (Lucien Sève, *Une introduction à la philosophie marxiste*, Paris, Editions sociales, 1980, p. 680). O termo caiu hoje em desuso, entre os próprios filósofos marxistas.

INTRODUÇÃO

A palavra "epistemologia" é, assim, utilizada para designar uma espécie de "ciência da ciência", que abarcaria o estudo crítico dos procedimentos e até dos métodos de produção do saber científico – como em Rudolph Carnap (1891-1970), Carl Hempel, Imre Lakatos (1922-1974), Thomas Kuhn (1922-1996), Paul Feyerabend (1924- -1994) ou mesmo Karl Popper (1902- 1994). Convém acrescentar, como sempre quando arriscamos este tipo de distinção, que, entre os dois pólos agora evocados, todas as interposições e sobreposições são possíveis, como o atesta particularmente a dimensão filosófica das obras dos dois últimos autores citados, que não são apenas epistemólogos no sentido restrito.

Enfim, é evidente que a epistemologia e a filosofia das ciências fazem não apenas parte integrante, como veremos, da obra dos historiadores das ciências propriamente ditos, mas ocupam igualmente o pensamento dos cientistas; quer estes se debrucem sobre a história da sua disciplina, como fizeram Albert Einstein (1879-1955) em Física, ou Ernst Mayr em Biologia, quer elas sejam indispensáveis à sua prática científica: pensamos na noção de realidade em física quântica, na obra de Louis de Broglie (1892-1987), Erwin Schrödinger (1887-1961) ou Werner Heisenberg (1901-1976).

2. As abordagens contextuais. — Menos identificadas com a história das ciências do que a epistemologia ou a filosofia das ciências, disciplinas como a sociologia das ciências desempenham, no entanto, um papel importante, desde há algumas dezenas de anos a esta parte. De forma por vezes esquemática mas útil, opõe-se tradicionalmente a história "internalista" à história "externalista" das ciências. Na primeira, "Florença não explica Galileu", para retomar a célebre fórmula de Alexandre Koyré (1892-1964), ao passo que, na segunda, os contextos científico e técnico, social, económico, ideológico e político da investigação, são considerados eminentemente explicativos. Esta abordagem não é nova, mas assume hoje um relevo particular, especialmente nos historiadores das ciências anglo- -saxónicos. Em França, foram feitas diligências quase etnológicas, especialmente com as pesquisas do sociólogo Bruno Latour ([13]).

Enfim, a psicologia, até mesmo a abordagem psicanalítica, da atitude científica, constitui um campo de investigação para cuja exploração Gaston Bachelard contribuiu largamente, embora a sua psicologia das profundezas do espírito humano esteja bastante afastada da psicanálise freudiana ([14]), na medida em que produz espontaneamente ideias "pré-científicas" a propósito dos fenómenos da Natureza.

III. Qual a utilidade da história das ciências?

O historiador das ciências profissional – por vezes é também funcionário público, o que vem agravar a situação – conhece bem o olhar do contribuinte a quem acaba de revelar de que forma ganha a vida. Qual será a utilidade de se pagar um ordenado a investigadores cuja missão consiste em estudar teorias rejeitadas, autores esquecidos e pensamentos anacrónicos? Responder, por exemplo, que a leitura de uma obra de história das ciências pode apresentar um interesse comparável ao que proporciona qualquer outro livro de história, é entendido como uma pirueta para evitar uma resposta concreta. À história das ciências pede-se algo diferente. Em particular, pede-se-lhe que ajude os investigadores hodiernos a ultrapassarem dificuldades análogas àquelas que os "sábios" do passado tiveram de enfrentar. No entanto, por vezes, não se vê muito bem em que é que o estudo das obras antigas pode esclarecer o processo de construção das teorias actuais.

1. Ultrapassar os obstáculos epistemológicos. — Na sua obra *La formation de l'esprit scientifique*, Gaston Bachelard, ao afirmar

---

([13]) Cf. por exemplo, B. Latour, S. Woolgar, *La vie de laboratoire, la production des faits scientifiques*, Paris, La Découverte, 1988 (1ª ed. norte-americana: 1979).

([14]) Nas fronteiras das neurociências, da psicologia, da linguística, da lógica, da informática, da etologia, etc., as ciências cognitivas não deixam de ter ligações com a história das ciências: no decurso da história, os procedimentos pelos quais os seres humanos têm tentado apropriar-se intelectualmente e dominar na prática o universo que os rodeia, têm evoluído; isso resulta, embora de forma desigual e indirecta, das "cogniciências".

INTRODUÇÃO

que o adolescente entra na aula de Física com conhecimentos empíricos já adquiridos, demonstra que estes conhecimentos constituem autênticos "obstáculos epistemológicos". Veja-se o que ele afirma, a propósito do princípio de Arquimedes: «(...) o equilíbrio dos corpos flutuantes é objecto de uma intuição familiar eivada de erros. De forma mais ou menos nítida, atribui-se uma actividade ao corpo que flutua, ou melhor, ao corpo que nada. Se tentarmos com a mão afundar um pedaço de madeira na água, ele resiste. Não se atribui facilmente a resistência à água. Assim, é bastante difícil fazer entender o princípio de Arquimedes, na sua espantosa simplicidade matemática, se não se tiver primeiro criticado e desorganizado o complexo impuro das intuições primárias» ([15]).

Em Bachelard – embora de forma evidentemente mais complexa – o mesmo tipo de ruptura separa a alquimia da química, a astrologia da astronomia; e geralmente todas as intuições pré-científicas das elaborações racionais: *« ... é em termos de obstáculos que se deve colocar o problema do conhecimento científico.* Nem se trata de considerar obstáculos exteriores, como sejam a complexidade ou a fugacidade dos fenómenos, nem de incriminar a fraqueza dos sentidos e do espírito humano: é no próprio acto de conhecer, intimamente, que aparecem, por uma espécie de necessidade funcional, lentidões e perturbações (...); o real nunca é 'aquilo em que poderíamos acreditar' mas sempre 'aquilo em que deveríamos ter pensado'» ([16]). Examinaremos a natureza destes obstáculos, mas o facto de se frequentar um laboratório, ou de participar em debates no terreno revela imediatamente que muitos cientistas estão obcecados pelos problemas relativos à história e à epistemologia da sua disciplina.

Todo o praticante desta ou daquela história sectorial vê regularmente os investigadores, a quem recorre para esclarecer questões científicas, pedirem-lhe em contrapartida ora uma indicação

---

([15]) G. Bachelard, *La formation de l'esprit scientifique, contribution à une psychanalyse de la connaisssance objective,* Paris, J. Vrin, 1970 [1ª edição: 1938], p. 18.

([16]) *Ibid.*, p. 13.

bibliográfica, ora uma explicação, uma troca ou uma confirmação de um ponto de história, de epistemologia ou de filosofia. Nesses dias, para além do facto de já conseguir olhar de frente o contribuinte, tem a sensação de que, realmente, não perdeu o seu tempo.

2. Dominar as determinantes históricas dos conceitos. — Conceitos como os de "gene", "ecossistema", "átomo" ou "gravitação" são correntemente utilizados pelos cientistas. Ora estes conceitos não nasceram ontem; têm por vezes uma longa história, até mesmo o mais recente dos quatro que acabam de ser referidos, o de "ecossistema", que surgiu em 1935. O conceito de "gene" é, evidentemente, utilizado pelos geneticistas dos finais do século XX num sentido diferente, modificado e enriquecido, em relação ao sentido que lhe era dado em 1911 pelo criador da palavra, Wilhelm Johannsen (1857-1927). Seria redutor não sabermos porquê. O mesmo tipo de observação poderia aplicar-se à maioria dos conceitos científicos. Evidentemente, é possível praticar a genética molecular sem conhecer bem as leis de Mendel (1822-1884) ou os trabalhos de Theodor Boveri (1862-1915), referentes à localização dos genes nos cromossomas – o sentido do termo "gene" acaba por fossilizar-se pouco a pouco, no automatismo das utilizações formais. Mas, para manipular conceitos que tenham ainda um sentido preciso, convém conhecer os estratos semânticos que, no decurso da história, sedimentaram o seu sentido original.

Se isto basta ou não basta, e se o ensino efectivo da história das ciências no último ciclo do ensino secundário e no ensino superior é como uma serpente marinha, que ciclicamente reaparece nas declarações de intenção dos novos ministros da Educação Nacional [francesa], isso é outro assunto.

I

A HISTÓRIA DAS CIÊNCIAS NO PASSADO

I. As condições de existência da história das ciências

1. Uma "quebra na tradição". — «Sem Descartes, sem uma quebra na tradição, não pode iniciar-se uma história da ciência», declara Georges Canguilhem, na introdução aos seus *Études d'histoire et de philosophie des sciences* ([1]). Vamos inverter aqui a ordem de exposição das condições colocadas, recordando que a quebra na tradição foi anterior à ruptura cartesiana.

Entre a queda do Império Romano do Ocidente (476 d. C.) e a descoberta do Novo Mundo (1492), estende-se o período medieval. Obcecada pela ideia da criação divina, a teologia cristã não favorecia o questionamento dos fenómenos naturais. A ordem do mundo sugeria a melhor das criações possíveis. O dogma não era, pois, favorável à investigação das causas materiais desta ordem. O "tomismo", a filosofia de S. Tomás de Aquino (*c*.1227-1274), em breve dominou o pensamento "escolástico", uma síntese de aristotelismo e de religião revelada. O racionalismo escolástico preconizava que devia procurar--se a verdade através da dedução lógica, o que não encorajava o recurso

---

[1] G. Canguilhem, *Études d'histoire et de philosophie des sciences,* 5ª ed. aument., Paris, J. Vrin, 1983, p. 17.

à experimentação. A revolução cultural que ocorreu no decurso do século XV, na Itália, alargando-se, durante o século XVI, ao resto da Europa, veio subverter este estado de coisas.

A redescoberta das culturas grega e latina, a invenção, por Gutenberg (c. 1399-1468) dos caracteres tipográficos móveis e o desenvolvimento da imprensa que se seguiu, particularmente com Aldo Manuzio (1450-1515), contribui para a difusão, muitas vezes nas línguas nacionais, dos textos bíblicos e antigos. O leitor é, a partir de então, *sujeito* livre de interpretar os textos, construindo assim, ao elaborar o seu pensamento, a sua própria personalidade. Entrevê-se a relação com a Reforma, que encorajava a interpretação pessoal das Escrituras. Os pintores italianos Fra Angelico (1395-1455) e Piero della Francesca (1416-1492), que rematam a introdução e a codificação da perspectiva, ensinam-nos de forma semelhante que aquilo que se vê não é sempre o mesmo, mas depende do "ponto de vista onde nos colocamos".

Nicolau Copérnico (1473-1543), e depois Galileu (1564-1642), completam a subversão dos conceitos sobre o universo. A Terra deixou de estar no centro do universo, mas gravita em redor do Sol, como na antecipação de Aristarco de Samos (c.310-230). O firmamento e o espaço são geometrizados e os movimentos dos corpos celestes vectorizados.

Mas a Natureza é igualmente imitada pelos engenheiros, entre eles o mais famoso de todos: Leonardo da Vinci (1452-1519), ourives, pintor e anatomista. Em 1492, idealizou uma máquina voadora, à imitação da asa do morcego: a partir de então já se pode compreender, ou seja, dominar a Natureza, imitando-a. Em 1494, Leonardo dissecou cadáveres humanos, como havia feito Frederico II de Hohenstaufen (1194-1250), perto de três séculos antes. Mas, embora a dissecação do corpo humano não lhe tivesse acarretado a excomunhão, nem por isso deixava de ser uma prática arriscada, na medida em que escamoteava a ideia de que os segredos da vida (da alma e do corpo?) se encontram ao alcance do escalpelo. Assim, pois, no decurso do século XVI, temos a Natureza mecanizada, manipulada, transformada, dissecada e entendida como susceptível de ser dominada.

A HISTÓRIA DAS CIÊNCIAS NO PASSADO

2. A ruptura cartesiana e o seu paradoxo. — A obra de René Descartes (1596-1650) inscreve-se neste contexto, contribuindo também para o estruturar. Não nos deteremos aqui a analisar o projecto cartesiano da edificação de uma ciência cuja certeza fosse comparável à da matemática, nem as regras do método utilizado para o conseguir, quer dizer, sobre o radicalismo da ruptura com o edifício escolástico, cuja derrocada ocorreria dentro de algumas dezenas de anos. Nem sequer a ideia de evidência, contida logo na primeira regra do *Discours* e na qual o autor preconiza: «(...) nunca aceitar como verdadeiro algo que não se reconheça como tal com toda a evidência: quer dizer, deve evitar-se cuidadosamente a precipitação e a prevenção e só incluir nos nossos juízos aquilo que se apresentar ao nosso espírito com tanta clareza e tão distintamente que não possa haver o mínimo motivo para o pôr em dúvida»([2]). Efectivamente, não é essa ruptura, fundamentalmente anti-historicizante, que torna possível uma história das ciências: «A história das ciências é uma tomada de consciência explícita, exposta como teoria pelo facto de as ciências serem discursos críticos e progressivos para a determinação daquilo que, na experiência, deve ser tido como real»([3]). Georges Canguilhem considera que, para poder existir história da ciência, será necessária a refutação da cosmologia cartesiana por Isaac Newton (1643-1727). ([4]) As teorias criticadas devem verdadeiramente pertencer ao *passado*, para que a história se torne possível e o julgamento histórico seja consciente de si próprio.

Aí reside o paradoxo: o carácter anti-histórico do pensamento de Descartes pode também ser considerado para fundamentar a possibilidade de uma história da ciência. Georges Canguilhem mais

---

([2]) R. Descartes, *Discours de la Méthode* (1637), Introdução e Notas de E. Gilson, Paris, J. Vrin, 1964, p. 68-69 [*Discurso do Método*, Lisboa, Edições 70].

([3]) G. Canguilhem, *Études d'histoire et de philosophie des sciences, op. cit.*, p. 17.

([4]) Sobre uma opinião contrária acerca desta negação da origem cartesiana de um discurso histórico da ciência, *vide* Yvon Belaval, *Leibniz critique de Descartes*, Paris, Gallimard, 1960, cap. II: "Révolution et tradition".

uma vez o demonstrou, no seu artigo sobre Bernard de Fontenelle (1657-1757), intitulado "Fontenelle, filósofo e historiador das ciências": «Fontenelle (...) viu bem que a filosofia cartesiana, ao mesmo tempo que matava a tradição, quer dizer, a continuidade não reflectida do passado e do presente, fundamentava na razão a possibilidade da história, ou seja, a tomada de consciência de um sentimento do devir humano»([5]).

II. A "filosofia da história das ciências"

1. Condorcet: o esboço de uma história geral das ciências. — A história ensina que não é prudente arvorar nomes de autores ou de obras para assinalar pontos de partida. No entanto, podemos considerar que o *Esquisse d'un tableau historique des progrès de l'esprit humain* ([6]), última obra de Jean-Antoine Caritat, marquês de Condorcet (1743-1794), representa uma tentativa que, nos dias de hoje, seria efectuada a título de história das ciências. ([7]) De facto, logo se reduziu esta obra a uma espécie de legado das Luzes, a um balanço excessivamente optimista da história da humanidade e à afirmação da infinita perfectibilidade do espírito humano. Condorcet é um filho de família, educado pelos jesuítas de Reims, matemático probabilista, membro da Academia das Ciências aos 26 anos de idade. Aderiu à maior parte das causas generosas e dos empreendimentos progressistas do seu tempo. Protegido de d'Alembert (1717-1783), Condorcet participou na aventura da *Encyclopédie*. Pronunciou-se a favor da abolição da escravatura, opôs-se à monarquia, afirmou-se republicano e saudou com entusiasmo a Revolução Francesa. Sabemos também que o

---

([5]) G. Canguilhem, *Études d'histoire et de philosohpie des sciences, op. cit.,* p. 55.

([6]) J.-A. de Condorcet, *Esquisse d'un tableau historique des progrès de l'esprit humain. Fragment sur l'Atlantide,* Introdução, cronologia e bibliografia de Alain Pons, Paris, GF-Flammarion, 1988. Nesta edição, Condorcet é particularmente apresentado como "historiador das ciências".

([7]) A 1ª edição, póstuma, do *Esquisse* data de 1795.

motivo da sua perdição foram a sua recusa em votar a morte do rei e as suas convicções girondinas.

Repetimos que Condorcet não é aqui apresentado como uma espécie de pai fundador da história das ciências em França. No jogo simplista que seria a busca de "precursores" em história ([8]), Fontenelle poderia ser colocado antes dele, particularmente devido às suas notícias obituárias, lidas na Academia das Ciências. No entanto, a sua atitude no *Esquisse d'un tableau historique des progrès de l'esprit humain* é inovadora, porque o autor decidiu repensar toda a história da humanidade em matéria de progressos sociais e científicos. Desde a longínqua pré-história (quando "Os homens se reuniram em grupos"), e os finais do século XVIII ("Desde Descartes até à formação da República Francesa"), Condorcet distingue nove épocas. Em cada um destes nove capítulos, são apresentadas as grandes figuras da filosofia e da ciência, de Hipócrates de Cós (460-377), Tales de Mileto (*c*. 624-*c*. 565) e Pitágoras de Samos (580-500), até Descartes, Leibniz (1646-1716), Locke (1632-1704), Rousseau (1712-1778), Newton, etc. Sabemos que uma décima época ("Dos progressos futuros do espírito humano") é a de uma utopia optimista, na qual desapareceriam as desigualdades entre as nações e regressariam as desigualdades no interior de um mesmo povo – porque os seres humanos tendem para a liberdade – essa época seria marcada pelo aperfeiçoamento indefinido da natureza humana: «Será que existem no globo terrestre regiões cuja natureza tenha condenado os habitantes a nunca usufruírem da liberdade, a nunca exercerem a sua razão?»([9])

A história das ciências, no *Esquisse,* não representa, portanto, um fim em si mesma, mas um meio de persuadir o leitor de que podemos encontrar «(...) na experiência do passado, na observação dos progressos que as ciências e a civilização fizeram até aqui, na análise

---

([8]) Cf. à frente, cap. II e VI, particularmente.

([9]) J.-A. de Condorcet, *Esquisse d'un tableau historique des progrès de l'esprit humain*, op. cit., p. 266.

da marcha do espírito humano e do desenvolvimento das suas faculdades, os motivos mais fortes para acreditar que a Natureza não pôs qualquer termo às nossas esperanças»([10]). Na obra em causa, existem traços de uma notável modernidade ao nível da história das produções científicas. Assim, as circunstâncias económicas do trabalho científico, as relações sociais, até a morfologia social dos grupos humanos, são muitas vezes apresentadas prioritariamente como factores fundamentais de progresso das ciências. Por exemplo, o impacto da transição de um povo do estado pastoril ao estado agrícola está ligado aos progressos na troca e na transmissão das ideias: «As ideias adquiridas comunicam-se mais prontamente e perpetuam-se com maior segurança numa sociedade que se tornou mais sedentária, mais próxima, mais íntima»([11]). Da mesma forma, no decurso do período em que prevalecia a "anarquia feudal", vemos «(...) o espírito humano descer rapidamente das alturas onde se tinha guindado (...). Sonhos teológicos, imposturas supersticiosas são [então]o único génio dos homens (...)»([12]).

Outra característica importante do pensamento de Condorcet é a importância por ele atribuída ao contexto técnico do progresso científico. É o caso das consequências da invenção da imprensa: «novos métodos, a história dos primeiros passos na via que deve conduzir a uma descoberta, os trabalhos que a preparam, os cenários que podem dar a ideia ou apenas inspirar o desejo de a procurar, ao espalharem-se com rapidez, oferecem ao indivíduo o conjunto dos meios que os esforços de todos puderam criar; e, através destes socorros mútuos, o génio parece ter mais do que duplicado as suas forças»([13]). Geralmente, a técnica acompanha a descoberta científica: «Galileu, aplicando à astronomia a luneta recentemente inventada e que aperfeiçoou, abriu aos olhos dos homens um novo firmamento»([14]).

([10]) *Ibid.,* p. 267.
([11]) *Ibid.,* p. 83.
([12]) *Ibid.,* p. 163.
([13]) *Ibid.,* p. 188.
([14]) *Ibid.,* p. 204.

A HISTÓRIA DAS CIÊNCIAS NO PASSADO

2. Auguste Comte: "as verdadeiras leis do desenvolvimento humano". — Na 47ª lição do seu *Curso de Filosofia Positiva* ([15]), o filósofo francês Auguste Comte (1798-1857), faz a seguinte apreciação de Condorcet: «Desde Montesquieu, o único passo importante dado pelo conceito fundamental da *sociologia* deve-se ao ilustre e infeliz Condorcet, na sua memorável obra *Esquisse d'un tableau historique des progrès de l'esprit humain*»([16]). Mas evoca imediatamente a anterioridade do barão Turgot (1727-1781), protector e amigo de Condorcet: «(...) cujos preciosos vislumbres primitivos sobre a teoria geral da perfectibilidade humana tinham, sem dúvida, preparado utilmente o pensamento de Condorcet»([17]). No entanto, há que sublinhar as críticas de fundo: a adesão profunda de Condorcet à Revolução cegou-o. Com efeito, sempre na opinião de Comte, é evidente no *Esquisse* uma profunda contradição entre o aperfeiçoamento da humanidade, representado pela filosofia revolucionária e o empenho em desvalorizar tudo o que precede. Eis o motivo pelo qual Condorcet, não tendo nunca entrevisto «a natureza essencialmente transitória da política revolucionária», não chegou nunca a «(...) levantar realmente o véu a nenhuma das leis verdadeiras do desenvolvimento humano (...)»([18]). Essa será a tarefa que Auguste Comte atribuirá a si próprio, de forma especial.

Nasce em Montpellier, no Sul de França, no seio de uma família católica e fervorosamente monárquica. Dois sistemas de valores que irá rejeitar, sem por tal aderir aos valores da Revolução Francesa. Da

---

([15]) A. Comte, *Cours de philosophie positive,* t. 1 (1830), t. II (1835), t. III (1838), t. IV (1839), t. V (1841), t. VI (1842). As citações que seguem são retiradas de uma obra intitulada *Leçons de sociologie* (Paris, GF-Flammarion, 1995, Introdução e Notas de Juliette Grange); estas *Leçons* agrupam as lições 47 a 51 do *Cours de philosophie positive* (t. IV).

([16]) A. Comte, *Leçons de sociologie, op. cit.*, p. 54. A palavra "sociologia" aparece aqui pela primeira vez na obra de Auguste Comte, para substituir a expressão "física social", «(...) parte complementar da filosofia natural que se relaciona com o estudo positivo do conjunto das leis fundamentais próprias dos fenómenos sociais» (*ibid.*, nota de rodapé).

([17]) *ibid.*

([18]) *ibid.*, p. 58.

mesma forma, não se aproximará de forma duradoura das ideias napoleónicas. Após brilhantes estudos secundários, entra na Escola politécnica com a idade de 16 anos. Torna-se repetidor de matemática, depois secretário do conde Henri de Saint-Simon (1760-1825), um dos socialistas utópicos que marcaram o pensamento político do século XIX. Em 1826, no decurso de uma crise depressiva, que aparentemente se seguiu a um casamento infeliz (a esposa ter-se-ia entregue episodicamente à prostituição), tenta suicidar-se atirando-se da Ponte das Artes para o Sena. Em 1844, tem um encontro com a irmã de um dos seus alunos, Clotilde de Vaux, com quem irá manter uma ligação mística, apaixonada e platónica. Este breve episódio, pois Clotilde de Vaux morre tuberculosa menos de dois anos mais tarde, vai desempenhar um papel considerável na evolução intelectual de Auguste Comte: vai transformar o objecto deste amor numa espécie de Santa da "religião da humanidade", de que se faz cantor a partir da década de 1850.

A história das ciências ocupa um lugar essencial na primeira parte da sua vida intelectual, que corresponde *grosso modo* à elaboração do *Curso de Filosofia Positiva*. As 45 primeiras lições, das 60 que constituem a obra, são, com efeito, consagradas a uma exposição da história geral das ciências: matemática, astronomia, física, química, biologia. Esta ordem não é, evidentemente, indiferente, uma vez que hierarquiza as disciplinas de acordo com a complexidade crescente das suas finalidades, de tal maneira que a passagem de uma ciência para outra – a um nível superior – só deixa por explicar os fenómenos que resultam especificamente desse nível superior. Sabemos que o sistema culmina com a "física social", a *sociologia*, ulteriormente erigida em religião positiva, na qual a divindade é a humanidade.

A famosa "lei dos três estados principais do espírito humano", aos quais corresponde «(...) a tríplice evolução temporal que deverá sucessivamente manifestar-nos, no conjunto do passado, o desenvolvimento fundamental da humanidade»([19]) é um dos aspectos desta formidável construção. Comte confia ter descoberto em 1822:

([19]) *ibid.*, p. 349.

«(...) a sucessão constante e indispensável dos três estados gerais, primitivamente o teológico, transitoriamente o metafísico e finalmente o positivo, pelos quais passa sempre a nossa inteligência, em qualquer género de especulação»[20]. A atitude que a ela conduz parte da ideia profunda segundo a qual a história do pensamento deve ser filosófica: «(...) em primeiro lugar, deve repousar sobre um conceito geral e simultâneo da evolução fundamental. Que pode, por exemplo, significar a história exclusiva e, sobretudo, parcial, de uma única ciência ou de uma única arte, sem estar previamente relacionada com um estudo de conjunto do progresso humano?»[21]

Não é aqui o lugar apropriado para enveredar por controvérsias ultrapassadas sobre o pensamento de Auguste Comte, mas simplesmente para defender os seus cambiantes a propósito. A lei dos três estados, tal como Auguste Comte a aborda, e não como se fala dela habitualmente, merece que nos debrucemos sobre ela: debaixo de um estilo sem elegância, há muito requinte no *Curso de Filosofia Positiva*.

III. Três construtores da disciplina

Ainda desta vez, não se trata de apresentar aqui uma espécie de história da história – ou dos historiadores – das ciências; deixando de lado a filosofia da história das ciências, trata-se de evocar os fundadores verdadeiramente essenciais da história das ciências como disciplina de pleno direito. Esta escolha impossível poderá ser criticada: por que motivo se abordou Gaston Bachelard, de preferência a Alexandre Koyré, Abel Rey (1873-1940), ou Léon Brunschvicg (1869-1944)? A resposta é simples: o autor de *La formation de l'esprit scientifique* [22] foi escolhido por uma razão fundamental: a universali-

---

[20] *ibid.*, p. 306. Neste sistema de pensamento, o estádio metafísico culmina e acaba com as ideias da Revolução Francesa.

[21] *ibid.*, p. 180.

[22] G. Bachelard, *La formation de l'esprit scientifique*, Paris, J. Vrin, 1970 (1ª ed.: 1938).

dade dos seus campos de estudo – pesou também nesta decisão o facto de a sua notoriedade ser mundial e sem paralelo. Foi necessário preferir George Sarton (1884-1956) a Carl Singer (1876-1960) por motivos idênticos; e Pierre Duhem (1861-1916) a Émile Meyerson (1859-1933), porque o segundo foi mais epistemólogo do que historiador das ciências. Os trabalhos de alguns destes autores não deixarão, no entanto, de ser evocados no decurso deste livrinho, quando chegar o momento oportuno. Poderá igualmente ser o caso de historiadores das ciências mais especializados, como Eric Nordenskjöld (1871-1933), Frederic Bodenheimer (1897-1959) ou Alistair Crombie.

Observar-se-á, por fim, que os dois primeiros fundadores referidos não são hoje muito lidos. É duplamente lamentável: em primeiro lugar, porque os seus trabalhos tiveram muito peso no passado; em seguida, porque dizem muito sobre o caminho que, desde então, tem sido percorrido.

1. Pierre Duhem: uma história das ciências "do crente". — O caso de Pierre Duhem é paradigmático, no que se refere aos dois pontos em causa. Nasce numa família muito crente; o pai é comerciante e a mãe pertence à burguesia do Languedoc. Depois de brilhantes estudos secundários no colégio Stanislas, onde se faz notar tanto nas humanidades como nas matérias científicas, é admitido na Escola normal superior em 1882. Matemático e físico conhecido pelos seus trabalhos em termodinâmica e em hidrodinâmica, pioneiro da química física, termina a sua carreira em Bordéus, como titular da cadeira de Física Teórica, mas sem ter conseguido a cátedra na Sorbona, que tão ardentemente desejava e que, segundo parece, tinha o direito de esperar. É verdade que o seu temperamento inflexível – enfrentou com dureza o químico Marcellin Berthelot (1827-1907) – e as suas ideias monárquicas, católicas, tradicionalistas, anti-dreyfusianas e anti-semitas não favoreciam compreensivelmente a sua carreira. Além disso, ao lado de trabalhos científicos de primeira plana, que hoje são redescobertos por terem inspirado a termodinâmica dos processos irreversíveis, Duhem opôs-se à teoria da relatividade restrita e recusou até atribuir um sentido físico aos conceitos de átomo e de molécula. Em história das ciências, os seus trabalhos têm de ser relacionados, evidentemente, com as suas convicções religiosas, mas este aspecto não impediu que a sua obra contribuísse de forma importante para a institucionalização da história das ciências em França e na Europa ([23]).

A estrutura da sua reflexão sobre a física é a seguinte: procurar conhecer a realidade encoberta pelas aparências é uma atitude metafísica, que não releva da ciência. A física e a metafísica são, pois, autónomas e assim devem manter-se (Pierre Duhem publicou em 1905 um texto intitulado: *Physique de Croyant).* O objecto da teoria física é a construção de um sistema abstracto, em que são classificadas as leis experimentais ([24]), segundo uma ordem lógica. Não se trata de explicar estas leis, mas simplesmente de as classificar. Porque a classificação "natural" destas leis, para a qual tende o progresso científico, tem um valor ontológico – é particularmente este ponto que separa o "positivismo católico" de Duhem do positivismo tradicional ou do puro convencionalismo. Segue-se que a história das ciências, e mais precisamente a da física, equivale a pôr em evidência os progressos – contínuos e regulares – realizados no decurso da história, em matéria de classificação "natural" das leis experimentais.

Pierre Duhem deixou uma obra importante em história das ciências ([25]). Em particular, mostrou a importância do "pequeno Renascimento" do século XIII e contribuiu para a redescoberta dos grandes

---

([6]) Pierre Duhem foi traduzido para numerosas línguas europeias.

([6]) Duhem desenvolveu a ideia de que uma experimentação não é redutível a uma observação neutra, mas representa já uma teoria materializada. Segue-se que os factos nascidos da experimentação estão marcados pela teoria. É sobretudo por esse motivo que seria impossível verificar – no sentido mais forte – uma hipótese através de um facto experimental. Não existe, pois, "experiência crucial". Correlativamente, é sempre um conjunto teórico que é refutado por uma experiência, e não uma hipótese isolada.

([6]) Cf. particularmente, P. Duhem, *Études sur Léonard de Vinci. Ceux qu'il a lus et ceux qui l'ont lu,* Paris, A.-Hermann et Fils, 1909, [reimpressão (1984): Paris, Gordon & Breach Publishers, Ed. dos Arquivos contemporâneos, 2 vol.]; *Le Système du monde,* Paris, Hermann, 10 vol., I a V (1954-1960).

letrados parisienses, com as obras de João Buridão (c.1297-1358), Alberto de Saxe (1316-1390) e Nicolau Oresme (c.1348-1382) ([26]).

Sózein ta phainómena (Salvar as aparências) ([27]) é um livro que exprime os conceitos que acabam de ser evocados. É ilustrado pela história da teoria física, de Platão a Galileu. Logo a começar, define-se o objectivo da astronomia: «(...) esta ciência combina movimentos circulares e uniformes destinados a permitir um movimento resultante, idêntico ao movimento dos astros; sempre que as suas construções geométricas destinam a cada planeta um movimento conforme ao que as observações revelam, o seu objectivo encontra-se atingido, pois *as suas hipóteses salvaram as aparências*» ([28]). Ao mesmo tempo, segundo Duhem, «(...) a lógica estava do lado de Osiandro, de Belarmino e de Urbano VIII e não do lado de Kepler e de Galileu»([29]).

Convém recordar que o *De Revolutionibus Orbium Coelestium* (1543), de Nicolau Copérnico (1473-1543) foi editado pelo teólogo luterano Andreas Osiander [Osiandro] (1498-1552). Osiandro acrescentou ao *De Revolutionibus* um prefácio intitulado: "Carta ao leitor, sobre as hipóteses desta obra", no qual apresentava o sistema "copernicano" ([30]) como um hábil artifício matemático, ao mesmo tempo que rejeitava a verdade astronómica. Esta atitude poupava tanto os críticos ou os adversários da cosmologia escolástica como os seus paladinos, entre os mais ilustres dos quais figuravam o cardeal Belarmino (1542-1621), que instruiu o processo de Galileu, e o papa Urbano VIII (1568-1644), em cujo pontificado Galileu foi condenado ([31]).

([26]) É especialmente por este motivo que Pierre Duhem pode ser considerado "continuísta" (cf. cap.II) : acentuar a importância de tudo o que era anterior ao Renascimento, reduzia-lhe ao mesmo tempo o carácter "revolucionário".

([27]) P. Duhem, *Sózein ta fainómena, Essai sur la notion de théorie physique de Platon à Galilée,* Paris, A.-Hermann et Fils, 1908. [Edição fac-similada (1994): Paris, J. Vrin].

([28]) P. Duhem, *Sózein ta fainómena, op. cit.*, p. 3.

([29]) *ibid.,* p. 136.

([30]) Duhem utilizava o adjectivo "copernicano".

([31]) Foi também durante o pontificado de Urbano VIII que foi condenado o *Augustinus* de Jansénio (1585-1638) .

A HISTÓRIA DAS CIÊNCIAS NO PASSADO

Desta forma, os conceitos de Duhem harmonizavam-se com os dos adversários de Galileu e ele teve a coragem de o afirmar, em contra-corrente ao pensamento dominante na universidade. No entanto, o seu pensamento está longe de ser dogmático ou sectário. Assim, preocupa-se em reavaliar, em *Sózein ta fainómena,* a importância de Galileu e de Johannes Kepler (1571-1630) :«(...) numa altura em que Kepler multiplicava as suas tentativas para dar conta dos movimentos dos astros com o auxílio das propriedades dos cursos de água (...), quando Galileu procurava harmonizar a trajectória dos projécteis com o movimento da Terra (...); um e outro julgavam provar que as hipóteses copernicanas têm o seu fundamento na natureza das coisas, (...) mas a verdade que eles, pouco apouco, introduziam na Ciência. é que uma mesma Dinâmica deve (...) representar os movimentos dos astros, as oscilações do oceano, a queda dos graves (...)»[32].

2. **George Sarton: *"Ísis"* e *"Osíris"*.** — George Alfred Léon Sarton nasceu em Gand, na Bélgica. Estuda química, matemática e mecânica celeste na universidade desta cidade, tendo obtido um doutoramento em Matemática, em 1911. Volta-se imediatamente para a história das ciências e funda a revista *Ísis* ([33]), a primeira revista consagrada à história de todas as ciências, considerada hoje como a mais importante do mundo ao nível da tiragem e da difusão. No início da Primeira Guerra mundial, emigra para a Grã-Bretanha, depois, a partir de 1915, para os Estados Unidos, onde se fixa definitivamente. Em 1918, torna-se investigador associado na Carnegie Institution, de Washington. Mais tarde, será professor de História das Ciências na universidade de Harvard.

---

[32] P. Duhem, *Sózein ta fainómena,* op. cit., p. 140.

[33] Cambridge, Mass., Estados Unidos.

A sua obra mais famosa é a *Introduction to the History of Science* ([34]), obra em que revela uma erudição fora do vulgar: em 1931 e 1932, para a redacção do segundo volume da obra, Sarton empreende uma longa viagem à Síria, ao Egipto e aos três países do Magrebe, a fim de aprender árabe e de consultar alguns manuscritos originais. Em 1936, funda um segundo periódico, *Osíris,* destinado a conter estudos mais aprofundados que os de *Ísis.*

Na obra de George Sarton, não encontraremos os temas provocantes e eruditos de um Duhem, nem a criatividade inegável de um Bachelard, mas sim um humanismo bem documentado, que contribuiu para fundamentar a história das ciências como disciplina autónoma nos Estados Unidos, abrindo assim o caminho a tantos trabalhos úteis à investigação. A isto convém acrescentar que os seus dois empreendimentos editoriais – *Ísis e Osíris* – sobretudo o primeiro, que lhe merecia um cuidado especial, desempenharam um importante papel internacional no desenvolvimento institucional da história das ciências fora do continente norte-americano.

3. Gaston Bachelard. — A Gaston Bachelard, a história das ciências deve particularmente ([35]) quatro ideias fundamentais, decisivas na formação intelectual dos historiadores das ciências da segunda metade do século: primeiro, a ideia de que o progresso científico, na sua essência, é uma *ruptura*: «(...) o progresso científico manifesta sempre uma ruptura, rupturas contínuas, entre o conhecimento comum e o conhecimento científico, desde o momento em que se aborda uma ciência evoluída, uma ciência que, devido ao próprio facto dessas

---

([34]) G. Sarton, *Introduction to the History of Science,* 5 t., 3 vol., Huntington (NI), R. E. Krieger Publishing Company, 1975 [1ª ed.: Carnegie Institution of Washington, 1927-1948).

([35]) O presente parágrafo apenas contém algumas observações gerais sobre o que Gaston Bachelard deixou em herança aos historiadores das ciências em França e em todo o mundo. Evidentemente, não se poderia reduzir o seu pensamento aos quatro pontos que vão ser recordados. É por isso que uma breve síntese do pensamento bachelardiano e alguns tópicos bio-bibliográficos constituem o tema da primeira metade do capítulo VI.

rupturas, carrega a marca da modernidade»([36]). Segundo, (e correlativamente), estas rupturas só se operam à custa da superação de "obstáculos epistemológicos"; porquê "epistemológicos"? Porque surgem espontaneamente, como já vimos, do próprio esforço de conhecer ([37]); a partir daí: «(...) o espírito científico deve formar-se contra a natureza, contra aquilo que é, em nós e fora de nós»([38]). Donde a edificação de uma psicanálise do conhecimento objectivo. É claro que a ideia de renúncia à intuição primeira na atitude científica não é apanágio de Gaston Bachelard, mas foi ele o primeiro a tê-la ilustrado com tal profundidade e com tal erudição. Terceiro, e da mesma forma, a ideia de que os factos científicos não são dados, mas construídos, não é uma ideia nova, quando ele escreve em *Le nouvel esprit scientifique* que: «As qualidades do real científico são, (...) em primeiro lugar, funções dos nossos métodos racionais. Para constituir um facto científico definido, é necessário utilizar uma técnica coerente (...). É do lado das verdades factícias e complexas e não do lado das verdades adventícias e claras que se desenvolve o empirismo activo da ciência»([39]). Enfim, quarto ponto, a ideia profunda de que «(...) os argumentos racionais que tocam a experiência são já mo-mentos desta experiência»([40]), não poderia também ela ser atribuída exclusivamente a Bachelard. Mas é no reinvestimento destas ideias, na sua estruturação coerente e na sua integração nos trabalhos de história epistemológica, em domínios aparentemente muito afastados, que Bachelard pode ser considerado um dos mais importantes historiadores das ciências deste século ([41]).

([36]) G. Bachelard, *Le matérialisme rationnel,* Paris, PUF, 1972 [1ª ed.:1953), p. 207 [O *Materialismo Racional*, Lisboa, Edições70].

([37]) Cf. a introdução da presente obra, III, 1: "Ultrapassar os obstáculos epistemológicos".

([38]) G. Bachelard, *La formation de l'esprit scientifique, op. cit.,* p. 23.

([39]) G. Bachelard, *Le nouvel esprit scientifique,* Paris, PUF, 1966 [1ª ed.:1934], p. 172 [O Novo Espírito Científico, Lisboa, Edições 70].

([40]) G. Bachelard, *Le rationalisme appliqué,* Paris, PUF, 1966 [1ª ed.: 1949], p. 3.

([41]) Cf. cap. VI, I: "Uma poética da história das ciências: Gaston Bachelard".

II

AS PROBLEMÁTICAS RECORRENTES EM HISTÓRIA DAS CIÊNCIAS

A prática da história das ciências supõe a abordagem e a solução – ainda que de forma implícita – de três problemas que ciclicamente reaparecem, ao longo dos tempos: em primeiro lugar, o problema da regularidade, ou não, do movimento histórico. Uma "revolução científica", como a revolução copernicana ou a teoria darwiniana da evolução das espécies, não surge completa a partir do zero anterior, ela é o tempo forte de um processo; assim, em que medida será pertinente utilizar a palavra "revolução", que conota de forma tão vincada uma súbita ruptura com tudo aquilo que precede? Em segundo lugar, coloca-se a questão do desenvolvimento das teorias científicas: será que elas se transformam "a partir do interior", como sob o efeito de uma lógica interna? Ou a sua evolução é condicionada pelo contexto histórico? Correlativamente, reaparece com regularidade em história das ciências a questão das relações entre o discurso científico e a ideologia: a ciência poderá ser "pura"? Será possível desembaraçá-la da escória ideológica que lhe é estranha? Ou, pelo contrário, estará ela inevitavelmente contaminada por concepções inconfessadas, flutuando na atmosfera do tempo e infestando o processo de produção do saber científico?

I. O problema do descontínuo

1. A noção de "corte" em história das ciências. — «O ano de 1543, ano da publicação do *De Revolutionibus Orbium Coelestium* (...) marca uma data importante na história do pensamento humano (...); no entanto, pergunto a mim próprio se não se deverá ir mais longe: efectivamente, o corte determinado por Copérnico não assinala apenas o termo da Idade Média. Assinala também o fim de um período que abrange, ao mesmo tempo, a Idade Média e a Antiguidade Clássica, pois só a partir de Copérnico o homem deixou de estar no centro do mundo e o cosmos deixou de estar organizado à sua volta»([1]). A descontinuidade radical em matéria de movimento da história do pensamento aqui expressa por Alexandre Koyré foi, muitas vezes, confrontada com conceitos opostos, ditos "continuístas", segundo os quais os progressos científicos se realizam de forma regular, sem saltos bruscos nem rupturas.

As continuidades de Pierre Duhem e de Léon Brunschvicg pesaram, sem dúvida, sobre os ombros daqueles que, como Gaston Bachelard e Georges Canguilhem, nas suas épocas, tiveram de se libertar delas. Mas a verdade é que actualmente é difícil encontrar epistemologias verdadeiramente dignas de interesse. Como adiante se verá, este conceito de história das ciências já não se exprime a não ser sob a forma indirecta de descoberta de pseudoprecursores.

Encontra-se, contudo, continuidade nos locais mais inesperados. Assim, em Novembro de 1998, podia ler-se no jornal *L'Humanité*, a propósito de uma *Histoire de l'Anatomie humaine*, que merecia melhor sorte ([2]), a afirmação seguinte: «a passagem pelas civilizações chinesa, tibetana, suméria, assíria, babilónica, hindu, hebraica, grega, mostra à evidência [*sic*] que também em anatomia não houve autenticamente um corte epistemológico radical, mas uma continuidade, que permite

---

([1]) A. Koyré, *La révolution astronomique,* Paris, Hermann, 1961, p. 15.

([2]) M. Sakka, *Histoire de l'anatomie humaine,* Paris, PUF, col. "Que sais-je?", 1997.

AS PROBLEMÁTICAS RECORRENTES EM HISTÓRIA DAS CIÊNCIAS

fazer remontar a história da anatomia humana à sua pré-história»([3]). Esquecendo, assim queremos acreditar, o que André Vesálio (1514--1564) deve ao *Quattrocento* e, mais genericamente, às ciências do Renascimento, ou seja, o nascimento do mecanismo e da ciência experimental – herança em ruptura radical com aquilo que a precedeu ([4]). Até mesmo Pierre Duhem, que conhecia os desenhos anatómicos de Leonardo da Vinci, em que os órgãos do corpo humano estão representados de maneira a evocar cabos e alavancas, teria julgado com severidade esta afirmação de continuidade.

De facto, os problemas que hoje se colocam a propósito da noção de corte incidem mais sobre a natureza das descontinuidades do que sobre a sua pertinência, cujo princípio deixou de ser contestado. Ficamos a dever a Gaston Bachelard uma reflexão aprofundada sobre a descontinuidade epistemológica do progresso científico. No capítulo precedente, vimos que ela se encontra ligada à ultrapassagem de "obstáculos epistemológicos" a este progresso ([5]). Os principais obstáculos epistemológicos são analisados em *La Formation de l'esprit scientifique:* a experiência primeira, o conhecimento geral, os obstáculos verbais e as "imagens familiares", o conhecimento pragmático, o obstáculo substancialista, o obstáculo animista, etc. ([6])

A noção de descontinuidade epistemológica «(...) pode ser estudada no desenvolvimento histórico do pensamento científico e na prática da educação»([7]). Ela indica que, em matéria científica, todo o progresso se realiza numa sucessão de rupturas com o conhecimento comum e imediato. Se, em matéria de educação «(...) toda a cultura científica

---

([3])Cf. A. Spire, "L'Anatomie a une histoire", *L'Humanité,* 20 de Novembro de 1998.

([4])O facto de Vesálio não ter conhecido o *De Revolutionibus* de Copérnico, publicado em 1543, ou seja, no próprio ano em que ele publica o seu *De humani corporis fabrica,* não altera em nada a questão, evidentemente.

([5]) Cf. cap. I, III, 3: "Gaston Bachelard".

([6]) Cf. cap. VI.

([7]) G. Bachelard, *La formation de l'esprit scientifique, op. cit.,* p. 17

deve começar (...) por uma catarse intelectual e afectiva»([8]), é em movimentos homólogos que, em cada disciplina particular, se efectua a passagem do "estado pré-científico" ao "estado científico".

Ao integrar o conceito de "ideologia científica" na problemática da descontinuidade em história das ciências, Georges Canguilhem alargou os conceitos bachelardianos: «A ideologia científica é, evidentemente, o desconhecimento das exigências metodológicas e das possibilidades operatórias da ciência, no sector da experiência que ela procura investir,mas não é ignorância, nem desprezo, nem recusa da função da ciência»([9]). Segue-se que uma ideologia científica não é nem uma falsa ciência nem uma superstição. Deixou de pertencer ao espaço da crença religiosa, pois «a existência de ideologias científicas implica a existência paralela e prévia de discursos científicos e, por conseguinte, a separação já operada entre ciência e religião»([10]). A ideologia científica ocupa, pois, «um lugar no espaço do conhecimento», mas não é nunca o lugar que se pensava: «O que a ciência vai encontrar não é aquilo que a ideologia queria que se procurasse»([11]). Com efeito, o átomo da física e da química dos finais do século XIX «(...) não apareceu no lugar que a ideologia atomista lhe reservava, no lugar do indivisível»([12]). Da mesma maneira, Gregor Mendel (1822-1884) responde a problemas diferentes que não aos que se colocava Pierre-Moreau de Maupertuis (1698-1759) na *Vénus physique:* «Tudo aquilo que Mendel negligencia (...) é aquilo que interessa aos que, na realidade, não são os seus predecessores»([13]): a produção de híbridos, as monstruosidades, a pré-formação, a epigénese, etc.

([8]) *ibid.*, p. 18.

([9]) G. Canguilhem, *Idéologie et rationalité dans l'histoire des sciences de la vie, op. cit.*, p. 39.

([10]) *ibid.*

([11]) *ibid.*, p. 40.

([12]) *ibid.*

([13]) *ibid.*, p. 41. Cf. cap. VI, II, 2: "Uma epistemologia histórica das rupturas".

AS PROBLEMÁTICAS RECORRENTES EM HISTÓRIA DAS CIÊNCIAS

2. A questão dos falsos precursores. — Os problemas de descontinuidade epistemológica do progresso científico implicam problemas ligados aos "precursores" que determinados historiadores das ciências se obstinam em descobrir: por exemplo, uma antecipação da ideia lamarckiana de adaptação directa em Diderot (1713-1784), no *Rêve de d'Alembert:* «Bordeu: (...) Imagine uma longa série de gerações manetas, imagine os seus esforços contínuos, e verá ambos os lados desta pinça estenderem-se, estenderem-se cada vez mais, cruzarem-se no dorso e voltarem à frente, talvez digitarem-se nas suas extremidades e refazer braços e mãos. A conformação original altera-se ou aperfeiçoa-se devido à necessidade e às funções habituais»([14]). Sabemos que neste texto, tal como em *Entretien entre d'Alembert et Diderot,* o que se afirma e se ilustra é o carácter radical do materialismo filosófico do autor; e já é muito: não façamos de Diderot um "precursor" de Lamarck, embora uma espécie de parentesco formal entre os textos tenha levado alguns a pensar que estavam perante uma relação de filiação. Num jogo deste tipo, por que não fazer de Benoît De Maillet (1656-1738) um precursor de Darwin?

Enquanto De Maillet ilustra, de forma extravagante e desprovida de racionalidade experimental, a teoria "neptunina", segundo a qual todos os continentes estiveram outrora submersos – o que implica que todos os seres vivos provêm do mar e se foram gradualmente modificando – Darwin constrói e testa pacientemente uma teoria materialista da transformação das espécies, reunindo, sob uma interrogação racional, dados experimentais provenientes dos criadores de gado e conhecimentos naturalistas acumulados no terreno. Por todos estes motivos, Georges Canguilhem não tem palavras suficientemente duras para estigmatizar a busca de falsos precursores: «Um precursor foi um pensador, um investigador que outrora realizou uma etapa do percurso, recentemente completado por um outro. A

([14]) D. Diderot, "Rêve de d'Alembert", in *Écrits philosophiques,* Paris, J.-J. Pauvert (ed.), p. 192, [Escrito em 1769, 1ª ed.: 1796].

complacência em procurar, descobrir e enaltecer precursores é o sintoma mais evidente de inaptidão para a crítica epistemológica»([15]).

O vocabulário da descontinuidade é rico e matizado na história das ciências praticada em França: "corte", "ruptura", "rasgão" são conceitos bachelardianos; o termo "fractura" é utilizado pelo filósofo matemático Jean Cavaillès (1903-1944). Alguns filósofos, na esteira de Louis Althusser (1918-1990), introduziram até, no decurso dos anos 1967-1968, distinções muito subtis em matéria de descontinuidade: «Serão designados por demarcações (ou rupturas intra--ideológicas) os aperfeiçoamentos, correcções, críticas, refutações, negação de determinadas ideologias ou filosofias que precedam logicamente o corte epistemológico da física»([16]). Tratar-se-ia, pois, na opinião destes autores, de não confundir as «(...) simples rupturas intra-ideológicas (ou demarcações), o corte epistemológico (incluindo o efeito da ruptura) e as rupturas intracientíficas (ou refundição) (...)»([17]). Em suma, não deverá confundir-se o "corte epistemológico", ponto de não-regresso, geralmente marcado por uma grande obra, como a elaboração galileana, com o processo menos brutal de "ruptura epistemológica", no decurso do qual as obras e os conceitos ultrapassados são destituídos, ao mesmo tempo que a nova ciência se impõe...

Georges Canguilhem, contudo, tinha muito espírito: «A epistemologia das rupturas não despreza absolutamente a epistemologia da continuidade, ao mesmo tempo que ironiza sobre os filósofos que só acreditam nela»([18]). Portanto, segundo o autor desta lição sobre os cambiantes, a primeira convém aos períodos de aceleração da história das ciências, ao passo que a segunda é mais eficiente para pensar os processos lentos dos inícios.

([15]) G. Canguilhem, *Études d'histoire et de philosophie des sciences, op. cit.*, p. 21.

([16]) M. Pêcheux e E. Balibar, "Définitions", in M. Fichant e M. Pêcheux, *Sur l'histoire des sciences,* Paris, François Maspero, 1971, p. 10.

([17]) *Ibid.,* p. 12.

([18]) G. Canguilhem, *Idéologie et rationalité dans l'histoire des sciences de la vie, op. cit.,* p. 26

3. Karl Popper e os epistemólogos post-popperianos. — Apesar de ser filósofo e epistemólogo e não propriamente historiador das ciências, Karl Raimund Popper (1902-1994) introduziu um conceito original na problemática da descontinuidade. É também o caso de determinados autores por ele inspirados: Thomas S. Kuhn e os epistemólogos "anarquistas" Imre Lakatos e Paul Feyerabend. Estes quatro autores desenvolveram e defenderam as epistemologias complexas. Apenas se apresentará aqui o necessário para a compreensão das suas posições respectivas, em matéria de descontinuidade epistemológica do progresso científico.

Austríaco, nascido em 1902, Karl Popper recebeu uma formação científica, filosófica e musical na Universidade de Viena, ao mesmo tempo que recebia uma formação profissional como ebanista. Trabalha como animador com crianças pobres e depois como professor. Faz o doutoramento em Filosofia em 1928, ensina primeiro na Nova Zelândia, depois em Londres, até 1969. O ponto de partida do pensamento epistemológico de Karl Popper reside numa dupla rejeição: em primeiro lugar, na do método dito "indutivo", pois não é a partir das regularidades observadas nos fenómenos que podem com pertinência induzir-se, por generalização, ulteriores hipóteses verificáveis. A acumulação de factos particulares não pode nunca permitir a conclusão absoluta da verdade de uma lei geral. Popper rejeita, em segundo lugar e por motivos análogos, uma solução adiantada por alguns membros do Círculo de Viena, segundo a qual as acumulações das observações em causa apenas conferem às generalizações indutivas um estatuto de verdades *prováveis*, tal como o formula Rudolf Carnap (1891-1970): «(...) aquilo a que chamei "grau de confirmação" confunde-se com a probabilidade lógica»([19]). A ciência apenas pode, pois, avançar com *conjecturas* inverificáveis. Em contrapartida, as teorias científicas podem ser refutadas, se forem submetidas à prova da experiência. Bem entendido, estes testes podem apenas refutar a teoria, e não estabelecê-la definitivamente. Segue-se

---

([19]) R. Carnap, *Les fondements philosophiques de la physique*, Paris, Armand Colin, 1973 [1ª ed. em língua inglesa: 1966], p. 30.

que uma teoria não testável é considerada como "metafísica" ([20]) por Popper e que o progresso científico verifica-se sempre que as teorias deixam de resistir aos testes de refutação a que são submetidas. As teorias impõem-se, pois, por eliminação dos sistemas de hipóteses concorrentes.

Assim, em Popper, o "corte epistemológico" entre a ciência e outras formas de conhecimento ou de representações – míticas, ideológicas ou metafísicas – reside na não refutabilidade destas últimas. Da mesma maneira, as novas conjecturas impõem-se, quando as precedentes deixam de resistir aos testes de refutabilidade. O critério popperiano da descontinuidade é metodológico: a história epistemológica, nele, vem muito de trás.

A problemática de Thomas Kuhn é aparentada com a de Popper: Kuhn interessa-se pelo desenvolvimento das teorias científicas, opõe--se ao neopositivismo e considera que o progresso científico não se realiza segundo um processo acumulativo regular. Mas a sua descontinuidade é mais "historicizante" do que a de Popper e possui uma dimensão psico-sociológica original. Com efeito, a atitude "falibilista", as constantes tentativas de refutação que, em Popper, caracterizam o desenvolvimento histórico do saber científico, são estranhas ao modo de funcionamento da ciência que Kuhn qualifica como "normal". Para o formular de maneira lapidar, na ciência "normal", os cientistas agarram-se a um "paradigma", a uma "matriz disciplinar", ou seja, a uma forma de modelizar um domínio de conhecimento sobre o qual a comunidade dos investigadores está em concordância. O manual universitário, a obra colocada entre os usuais de uma biblioteca de investigação, o programa oficial de um ensino, são ao mesmo tempo expressões e vectores privilegiados do paradigma que prevalece em determinado momento da história de uma disciplina. Os cientistas aferram-se a isso, por comodismo intelectual, por conformismo e, mais geralmente, porque toda a comunidade dá tendencialmente provas de inércia face às modificações que poderiam

---

[20] Segundo Popper, entram nesta categoria a psicanálise e o marxismo.

contribuir para pô-lo em causa. Assim, a ciência "normal" é pacificamente cumulativa. Mas, quando surgem "anomalias" – como fenómenos não previstos pela teoria, portanto inexplicáveis no seu estado actual, ou como resultados obtidos em disciplinas afins e que entram em dissonância com o paradigma em que se situa, operam-se tentativas de consolidação. Se estas não bastarem, sai-se então da ciência normal para entrar num período de crise, que pode culminar numa "revolução científica", quando um novo paradigma vem destituir o actual e afirmar-se em seu lugar. O exemplo já clássico deste tipo de processo é a substituição do paradigma aristotélico pelo paradigma galileo-newtoniano.

Para Imre Lakatos, uma teoria é assediada por anomalias, no sentido de Kuhn, desde o seu aparecimento. Mas ele afina a sua noção de teoria raciocinando, de preferência, em termos de "programas de pesquisa". Um programa de pesquisas pode ser descrito como «(...) um núcleo central de leis fundamentais, enquadrado por hipóteses auxiliares, sendo todo o conjunto acompanhado, "programado" por dois tipos de heurísticas, uma negativa, outra positiva (a primeira protege o núcleo central contra toda a refutação (...), a outra contém indicações destinadas aos que tentarem, pouco a pouco, aprofundar a intelecção do núcleo central, procurando alargar a área de aplicação, particularmente pela construção de situações experimentais adequadas (...)» [21]. Um programa de pesquisas orienta, pois, a actividade de uma comunidade científica numa determinada época. Se considerarmos novamente aquilo a que se convencionou chamar "a revolução astronómica", o núcleo central – entendido como irrefutável – do programa de pesquisas copernicano é representado pela teoria heliocêntrica; esta fortaleza está protegida por uma camada de hipóteses auxiliares, como a teoria dos epiciclos, por exemplo. No entanto, e contrariamente a Kuhn, de forma especial, podem sobrevir confrontos entre diversas variantes de um mesmo programa de pesquisas. Lakatos demarca-se assim, ao mesmo tempo, de Popper e

---

[21] J.-C. Schotte, *La science des philosophes, une histoire critique de la théorie de la connaissance,* Paris, Bruxelas, De Boeck Université, 1998, p. 135.

de Kuhn, na medida em que concede muita importância à heurística positiva num programa de pesquisas, que pode assim tornar-se "progressivo" – estando a sua pertinência ligada à sua maior ou menor coerência interna, tal como ao seu poder preditivo. Podemos ainda considerar que Lakatos reintroduz o problema da continuidade nos seus conceitos de desenvolvimento científico, tentando ultrapassar as problemáticas consideradas mais simplistas na refutação brutal das conjecturas.

"A Imre Lakatos, amigo e irmão no anarquismo", é a dedicatória da obra mais importante de Paul Feyerabend, *Contre la méthode* ([22]). De facto, estamos perante uma epistemologia que começa por negar a especificidade das ciências relativamente à ideologia e a qualquer outra forma de conhecimento: «Não existe ideia, por mais antiga e absurda que seja, incapaz de fazer progredir o nosso conhecimento»([23]). Da mesma maneira: «O corte entre a história da ciência, a sua filosofia e a própria ciência, dissipa-se, da mesma forma que o corte entre o científico e o não científico»([24]). Como demonstra Pierre Thuillier, «(...) já não se vêem diferenças entre a metafísica e a física, entre Bergson e Einstein, entre Madame Soleil e os especialistas dos pulsares» ([26]) O anarquismo epistemológico de Paul Feyerabend é, pois, uma recusa hipertrofiada das distinções racionais: «Para aqueles que consideram a riqueza dos elementos fornecidos na história e que não se esforçam por empobrecê-la a fim de satisfazer os seus baixos instintos – a sua sede de segurança intelectual, sob a forma de clareza, precisão, "objectividade", "verdade" –, para esses, torna-se claro que apenas existe um princípio a defender em todas as circunstâncias e em todos os estádios do desenvolvimento humano. É o princípio *"tudo*

([22]) P. Feyerabend, *Contre la méthode. Esquisse d'une théorie anarchiste de la connaissance,* Paris, Ed. du Seuil, col. "Points", 1979 [1ª ed. em língua inglesa: 1975].

([23]) *Ibid.,* p. 48.

([24]) *Ibid.,* p. 49.

([25]) P. Thuillier, *Jeux et enjeux de la science, op. cit.* p. 50-51.

é bom"»([26]). É difícil, em pouco espaço, defender esta epistemologia, que vale mais do que as caricaturas que dela têm sido esboçadas. O saber alegre de Paul Feyerabend é iconoclasta; em obras atraentes e claras, aparecem desacreditados autores como Brecht, Marx, Kropotkine ou Lenine. Nisso, ele é inigualável, na morna paisa-gem intelectual de hoje, caracterizada por um pensamento mole, um sociologismo insípido e um certo receio da verdadeira controvérsia.

Não ficaremos, portanto, surpreendidos que as posições de Feyerabend em matéria de epistemologia do progresso científico sejam, ao mesmo tempo, continuistas e "revolucionárias". "Continuistas", porque todos os cortes "se dissipam", particularmente entre aquilo que os historiadores das ciências descontinuistas chamam os conceitos "pré-científicos" e "científicos"; mas também "revolucionários", porque o epistemólogo anarquista continua a guardar no coração a preocupação de preparar a mortalha ao velho mundo teórico. Mas a descontinuidade pela qual ele combate é inesperada. Trata-se, efectivamente, de *romper* com o chauvinismo da ciência: «O pluralismo das teorias e das concepções metafísicas não é apenas importante para a metodologia, é também um elemento essencial numa perspectiva humanista»([27]). E o autor de *Contre la méthode* empenha-se em defender o renascimento da medicina tradicional na China comunista...

II. Internalismo e externalismo

Desde as origens da disciplina que estes conceitos opostos se enfrentam entre os teóricos da história das ciências. Esquematicamente, o "internalismo" é o conceito segundo o qual o movimento das ideias científicas é produzido por uma dinâmica interna: as teorias desenvolvem-se e encadeiam-se, num universo de ideias e de representações – situando-se o seu contexto em posição secundária. O "externalismo" é a posição inversa: a produção dos saberes científicos está condicionada pela"base económica", pelas circunstâncias políticas e sociais, tal como pelo ambiente técnico. É claro que

---

[26] P. Feyerabend, *Contre la méthode, op. cit.*, p. 25.

[27] *Ibid.*, p. 53.

esta oposição, assim brutalmente formulada, não tem sentido e os seus dois termos devem ser considerados como inflexões, como tendências, como quadros conceptuais gerais, mais do que como dogmas rígidos. As histórias das ciências consideradas "internalistas" ou "externalistas" fornecem, aliás, uma prova disso. Resta que o pano de fundo filosófico do internalismo pode ser relacionado com o idealismo, ao passo que o do externalismo recorda antes as filosofias materialistas. Assim, Georges Canguilhem define o externalismo da seguinte maneira: «(...) é uma forma de escrever a história das ciências, condicionando um determinado número de acontecimentos (...), pelas suas relações, aos interesses económicos e sociais, às exigências e práticas técnicas, às ideologias religiosas ou políticas». Mas o mestre era muito severo: «E, em suma, um marxismo enfraquecido, que ocorre nas sociedades ricas»[28].

1. O internalismo por excelência de Alexandre Koyré. — O mais prestigiado representante do internalismo é o filósofo e historiador das ciências Alexandre Koyré. Nasceu na Rússia e seguiu as lições de Edmund Husserl (1859-1938) e de David Hilbert (1862-1943) em Göttingen, depois as de Henri Bergson (1859-1941) e de Léon Brunschvicg, em Paris. A partir de 1930, a sua carreira decorreu na Escola Prática de Altos Estudos, na VIª Secção. O seu renome internacional foi enorme. Ensinou nos Estados Unidos, particularmente nas universidades de Yale e de Harvard. Estava convencido da unidade do pensamento humano nos domínios filosófico, religioso e científico e este ponto pode relacionar-se com o seu internalismo. Em Koyré, o pensamento científico não poderia ser entendido sem ser relacionado com a filosofia e com as concepções religiosas do mundo. As magníficas últimas linhas de *Du monde clos à l'univers infini* [29], nas quais evoca o desvanecimento da Divindade na nova cosmologia newtoniana, ilustram bem esta maneira de pensar: «O Universo infinito da Nova Cosmologia, infinito na Duração como

---

[28] G. Canguilhem, *Études d'histoire et de philosophie des sciences, op. cit.*, p. 15.

[29] A. Koyré, *Du monde clos à l'univers infini,* Paris, Idées/Gallimard, 1973 [1ª ed. em língua inglesa: 1957].

na Extensão, no qual a matéria eterna, segundo leis eternas e necessárias, se move sem fim e sem desígnio no espaço eterno, tinha herdado todos os atributos ontológicos da Divindade. Mas apenas estes; quanto aos outros, Deus, ao afastar-se do Mundo, levou-os com Ele»([30]).

2. O externalismo e a sociologia das ciências. — Os historiadores das ciências externalistas consideram que o progresso científico está ligado a outras actividades humanas, que não a própria actividade científica. De facto, não se imagina o conceito da teoria da relatividade limitada produzido por um xamã ameríndio do baixo Xingú, no século XVI: capta-se, assim, pelo absurdo que a produção científica se efectua em determinadas condições históricas. É claro que as ideias podem surgir como primeiras em relação às circunstâncias materiais da história, mas, de facto, as realidades sociais desempenham um papel importante na estruturação histórica do pensamento humano: Marx não estava errado quando considerava que a divisão do trabalho social e a divisão da sociedade em classes (com a desvalorização do trabalho "manual" que as acompanhou), não são estranhas ao dualismo filosófico que marcou e continua a marcar o pensamento ocidental.

Imagina-se, no entanto, que o externalismo possa ser espreitado por uma certa deriva determinista, como testemunham particularmente as intervenções de Hessen, delegado soviético ao II Congresso Internacional da História das Ciências e das Técnicas (Londres, 1930): «A fim de desenvolver a sua indústria, a burguesia tinha necessidade da ciência, que permitia explorar as características dos corpos materiais e as formas de manifestação das forças naturais»; «Durante o período do capitalismo mercantil, o desenvolvimento das forças produtivas propôs à ciência uma série de tarefas práticas e dirigiu-lhe um pedido imperativo, quanto à sua realização»([31]).

([30]) *Ibid.*, p. 337.

([31]) Citado por Ch. Passadeos no seu artigo intitulado: "Essai sur le rôle des révolutions scientifiques et techniques", *in Incidence des rapports sociaux sur le développement scientifique et technique*, Seminário de investigação na casa das ciências do homem, *1974--1975*, sob a direcção de Philippe Roquelo e Pierre Thuillier, publicação policopiada, textos microfilmados no Centro de documentação das ciências humanas do CNRS.

Hoje, contudo, o externalismo escapa, a maior parte das vezes, a este tipo de esquematismo e existe, sobretudo, sob a forma de estudos sociológicos da produção do saber científico. Uma das primeiras abordagens desta natureza foi efectuada pelo geobotânico Alphonse de Candolle (1806-1893), cujo pensamento biogeográfico se ligou de forma híbrida a uma reflexão que hoje seria considerada "sociológica": «Tive essencialmente em vista procurar de que maneira as influências exteriores próprias de diversos países, em épocas sucessivas, desde há dois séculos, marcaram o desenvolvimento das ciências, através da acção de homens eminentíssimos. Foi a adaptação às pesquisas científicas de algumas centenas de indivíduos, em razão sobretudo das circunstâncias ambientais, que produziu o notável desenvolvimento das ciências que hoje testemunhamos (...). As causas sociais que o impediram ou o favoreceram são de grande interesse para a história, não só das ciências como da civilização em geral»[32]. Percebe-se que, apesar do seu interesse, este tipo de problemática se tenha mantido marginal no século XIX. É necessário aguardar o começo do século XX, para vermos constituir-se uma sociologia do conhecimento como disciplina: «O desenvolvimento da sociologia do conhecimento avançou rapidamente após a Primeira Guerra mundial. Os seus representantes mais destacados foram Max Scheler, Karl Mannheim, Florian Znaniecki, Pitirim Sorokin, Robert Merton, Georges Gurvitch»[33].

Robert King Merton, que foi aluno de George Sarton, é um dos verdadeiros fundadores da sociologia das ciências. Tentou, particularmente, pôr em evidência o papel eminente desempenhado pelo pietismo e pelo puritanismo no desenvolvimento da ciência moderna [34].Hoje, esta disciplina em pleno desenvolvimento, integra a

---

[32] A. de Candolle, *Histoire des sciences et des savants depuis deux siècles,* Paris, Fayard, Corpus das obras e filosofias em língua francesa, 1987 [1ª ed.: 1873], p. 10.

[33] P. Rybicki, "L'histoire des sciences et la sociologie de la science", *in* G. Canguilhem, (ed.), *Introduction à l'histoire des sciences,* vol. 2, Paris, Hachette, 1971, p. 49.

[34] R. K. Merton, *Science, Technology and Society in Seventeenth Century England,* Londres, Harper Torchbooks, 1970 [1ª ed. in *Osiris,*IV, 1938].

AS PROBLEMÁTICAS RECORRENTES EM HISTÓRIA DAS CIÊNCIAS

história das instituições científicas, das estruturas de investigação e das suas formas de funcionamento, dos museus e jardins botânicos, das sociedades de eruditos, etc.

III. Ciência e ideologia

1. Duas acepções fundamentais da palavra "ideologia". — O terceiro par de conceitos cujas relações conflituais não parecem próximas de uma harmonização em história das ciências – "ciência" e "ideologia" – suscita algumas análises que roçam por vezes o emocional. A questão consiste em saber se a elaboração científica é "pura", podendo assim escapar à influência da ideologia, ou se, pelo contrário, a ciência e a ideologia se interpenetram inevitavelmente ([35]). Convirá começar por esclarecer os sentidos principais da palavra "ideologia", pois as respostas podem variar em função das opções semânticas.

A filosofia marxista qualifica como "ideológicas" as representações falaciosas dos seres humanos, a respeito do real ou das suas condições reais de existência. Trata-se também de uma forma necessária, no sentido de "inevitável", da consciência humana, à qual a realidade do mundo não surge espontaneamente. Com efeito, a ideologia não começa pelas sociedades de classe; de contrário, que estatuto atribuir aos mitos ameríndios ou aos frescos paleolíticos? A ideologia, no sentido marxista, é a matéria que se pensa a si própria em formas determinadas de organização social e em determinadas condições materiais.

Neste sentido, podemos considerar que o discurso científico é uma das formas de ideologia; e que, em qualquer estado de causa, não lhe escapa: «Sobre a ciência da Natureza, dizer que ela não é independente das formas sucessivas de exploração da Natureza e de produção das riquezas não é recusar autonomia à sua problemática e à especificidade do seu método, não é torná-la relativa, como acontece com a economia ou a política, face à ideologia adoptada pela classe dominante, em um dado momento, na relação social»([36]). Isto significa que ideologias

---

([35]) Cf. também o cap. IV: "História das ciências, ideologia e política".

([36]) G. Canguilhem, *Idéologie et rationalité dans l'histoire des sciences de la vie*, op. cit., p. 37-38.

intracientíficas podem, no interior de um discurso científico, desempenhar o papel habitual da ideologia, com o valor heurístico de que podem dar provas e o carácter de obstáculo epistemológico, de que inevitavelmente se revestem.

No entanto, a palavra "ideologia" adquire um sentido completamente diferente quando é utilizada na expressão "ideologia científica": «Uma ideologia científica não é uma falsa consciência, como o é uma ideologia política de classe. Também não é uma falsa ciência»([37]). Vimos que a ideia de "corte epistemológico" implica, em Georges Canguilhem mais uma vez, a deposição de uma ideologia científica pela emergência de uma ciência.

2. Ciência e ideologia, entre a anarquia e o integrismo. — A questão das relações entre a ciência e a ideologia é, pois, uma questão complexa e enferma gravemente de toda a esquematização. Vimos, por exemplo, que o anarquismo epistemológico de Feyerabend é redutor nesta matéria, visto que pretende apagar tudo aquilo que distingue o discurso científico da ideologia.

Outro empobrecimento, mas desta vez por uma razão totalmente oposta, fica a dever-se a uma leitura apressada, digamos, de Georges Canguilhem, atitude que levou alguns discípulos zelosos a afirmarem que ele dissociava sempre e em todo o lado a ciência e a ideologia. Assim, pudemos ler, sob a pena de um dos especialistas franceses do darwinismo, Patrick Tort: «(...) é difícil esquecer os ensinamentos elementares da história das ciências, que estabelecem com muita clareza (ler Canguilhem) que a operadora do progresso científico é (...) a *dissociação* entre a ciência e a ideologia»([38]). É certo, já o dissemos por várias vezes; mas o progresso científico não consiste apenas em destituições sucessivas de ideologias científicas anteriores – o desenvolvimento da obra darwiniana oferece disso um bom testemunho.

([37]) *Ibid.*, p. 39.

([38]) P. Tort, "Darwin contra a sociobiologia", *in* P. Tort (ed.), *Misère de la sociobiologie*, Paris, PUF, 1985, p. 132. Raramente foi tão pertinente a exortação à leitura atenta de um autor.

AS PROBLEMÁTICAS RECORRENTES EM HISTÓRIA DAS CIÊNCIAS

Por conseguinte, se é absolutamente necessário, como julga Tort, dissociar aquilo que, no interior do texto darwiniano, releva da ideologia e aquilo que releva da ciência, como proceder? Afirmando tranquilamente que a lógica do discurso anula, no texto do erudito, aquilo que não é integrável no discurso da "ciência" ([39]) ! Este artifício integrista conduz assim à aniquilação, no texto darwiniano, de expressões como "raças inferiores" ou "escala de civilização"; ou ainda a seguinte anotação, escolhida entre muitas outras, porque tem o duplo mérito da clareza e da brevidade: « Todo aquele que viu um nativo na sua terra natal, não terá vergonha de reconhecer que nas suas veias corre sangue de algum ser inferior»([40]). O procedimento que consiste em rejeitar a ideologia vitoriana ([41]), que banha certos textos científicos de Darwin, em tudo aquilo que não é essencial, é uma decisão epistemológica simplista e ruinosa. Talvez ajude a estabelecer a genealogia do positivismo na obra darwiniana; mas nada tem a ver com a problemática moderna da história das ciências como, precisamente, Georges Canguilhem e alguns outros a constituíram.

([39]) Cf. P. Tort, *Misère de la sociobiologie, op. cit.,* p. 130, particularmente.

([40]) C. Darwin, *La Descendance de l'homme*, 2ª ed. Paris, C. Reinwald et Cie, 1875, t. II, p. 440.

([41]) Cf. cap. IV, I: "A ciência não é nem 'pura' nem 'neutra' ".

III

A HISTÓRIA DAS CIÊNCIAS E AS REPRESENTAÇÕES DO MUNDO

Em história das ciências, os problemas relativos ao externalismo e à ideologia, sucintamente abordados no final do capítulo precedente, conduzem, de maneira mais geral, ao levantamento de outra questão: as relações entre o desenvolvimento dos conhecimentos científicos e as representações do mundo, em cujo quadro se efectua tal desenvolvimento. O Cristianismo, o movimento romântico, as tradições chinesa e árabe representam outras tantas facetas desta questão, escolhidas pela sua notável importância histórica. Há que esclarecer, uma vez mais, que os parágrafos que vão seguir-se têm apenas como objectivo recordar as problemáticas e orientar o leitor para obras especializadas. Este capítulo abre com uma vista de olhos sobre o relacionamento entre o Cristianismo e a ciência moderna – escolha ditada pelo facto de ser uma questão bem mais conhecida do que, por exemplo, a do relacionamento entre os saberes tribais e as representações animistas ou entre a ciência pré-socrática e o panteão helénico. Aqui, trata-se menos de abordar a história dos factos culturais pertencentes ao passado, do que analisar o sentido de um único facto histórico: as relações milenares entre a religião e a ciência.

I. O universo cristão e a ciência ocidental

1. Religião, civilização e história das ciências. — Uma religião é uma concepção geral do mundo em que o universo material e o destino do ser humano são governados por um poder superior, de ordem sagrada. Por conseguinte, toda e qualquer religião elabora explicações sobre a origem e o movimento do mundo, incluindo os seres humanos. Imediatamente se compreende o parentesco, para não dizer mais, entre a religião, a filosofia e a ciência. É por isso que o historiador das ciências, para qualquer ponto do passado que se volte, encontra sempre um aspecto religioso ou formas culturais pré-religiosas; é também por isso que o universo cristão marcou tão profundamente a ciência ocidental. Neste ponto, recorde-se que o controlo das investigações e a transmissão do saber estiveram, durante muito tempo, nas mãos da Igreja: a história institucional das ciências tem também muito a dizer em matéria de religião.

Frequentemente têm sido sublinhadas as influências negativas do Cristianismo, particularmente do catolicismo, no desenvolvimento da ciência. A maior parte das vezes, a partir da "questão de Galileu", emblemática neste aspecto ([1]). São inúmeros os exemplos de intolerância e de sectarismo de que a Igreja católica pode ser acusada no domínio científico; não vamos aqui referir-nos a eles, tão conhecidos são. Em contrapartida, as abordagens diversificadas são mais raras; trata-se, contudo, de um campo que seria fecundo aprofundar.

Os efeitos da ideologia, como consciência defraudada das relações dos seres humanos no mundo, podem efectivamente revestir-se de aspectos muito contraditórios. Assim, a "apologética", a parte da teologia que tem por objectivo estabelecer a verdade da revelação através de argumentos racionais, desempenhou um papel importante na história do pensamento, alimentando quer a reflexão dos estudiosos cristãos quer a dos que duvidavam ou não acreditavam.

O estudo exaustivo de Robert K. Merton sobre a influência do puritanismo no desenvolvimento das ciências na Inglaterra, no decurso

---

([1]) Cf. cap. IV.

do século XVII – estudo já referido no capítulo precedente (²) – está em harmonia com o conceito de um papel positivo da religião no desenvolvimento da ciência. Evocando as poderosas motivações que foram, na época, «a glorificação de Deus pela descoberta dos milagres da sua criação e o desenvolvimento do auxílio ao próximo com o objectivo de se criarem melhores condições de trabalho e de vida (...)», o historiador da biologia Frederic Bodenheimer não hesitava em afirmar que: «(...) a ciência apareceu como o principal meio para atingir um objectivo comum: a glorificação de Deus através do saber»(³).

Geralmente, todo o pensamento religioso sobre a Natureza, quando se desdobra no quadro unificador de uma religião monoteísta, exige uma atitude explicativa sintética da ordem do mundo. É evidente que Deus é o criador e o garante desta ordem; mas, indo ao encontro da intenção inicial do erudito, esta atitude explicativa cria condições para a laicização do pensamento científico: a longo prazo, deixa de ser necessário o recurso a entidades exteriores à matéria. Num domínio muito próximo da filosofia da idade clássica, sabemos que o panteísmo de Espinosa (1632-1677), entendido como saída escapatória para os impasses dualistas, foi imediatamente acoimado de ateísmo pelos seus adversários. Da mesma maneira, a meticulosidade racional das explicações de Lineu em matéria de equilíbrios naturais, produzida *também* para manifestar a glória de Deus, criou condições para a destituição, por obra de Charles Lyell (1797-1875), da ideologia providencialista, fundamental nos trabalhos do grande naturalista sueco (⁴).

No entanto, ao longo do percurso histórico, os progressos científicos tornaram cada vez menos necessário o recurso à divindade, para

---

(²) Cf. cap. II, n. 34, p. 48.

(³) F. S. Bodenheimer, *The History of Biology: an Introduction*, Londres, Wm. Dawson & Sons., 1958, p. 38-39.

(⁴) Cf. C. Limoges (ed.), *C. Linné.L'Équilibre de la nature*, Paris, Vrin, 1972.

explicar o movimento do mundo. Embora seja arriscado tentar destrinçar quais foram as influências neste domínio, tais influências verosimilmente contribuíram para que diversas concepções de intervenção divina na Natureza tenham prevalecido no curso da história. É igualmente verosímil que essas concepções, por sua vez, tenham tido o seu peso nas produções científicas.

Assim, ao longo dos séculos XVII e XVIII, a concepção de um Deus "indolente" veio substituir a de um Deus omnipresente e em constante actividade: «O Divino Arquitecto tinha (...) cada vez menos que fazer no mundo (...), o Deus poderoso e actuante de Newton, que efectivamente "governava" o Universo de acordo com a sua livre vontade e as suas decisões, tornou-se progressivamente, no decurso de uma rápida evolução, uma força conservadora, uma *intelligentia extra-mundana,* um "Deus indolente"»([5]).

Ao mesmo tempo, e não foi por acaso, os eruditos debruçam-se sobre a formação dos seres vivos e sobre a sua evolução, visto que o mundo foi idealizado e realizado por um grande relojoeiro, agora de pouca utilidade: no decurso do século XVIII, nasce a embriologia e, durante o mesmo período, desenvolve-se a ideia de evolução das espécies.

2. Catolicismo e religião reformada. — Atendendo ao que acima foi dito, ter-se-á percebido que a prudência aconselhou o estabelecimento de relações entre a ciência e o Cristianismo. Convém, pois, não se desviar desta linha, quando, em história das ciências, se faz a distinção entre uma tradição católica e uma tradição "reformada". As oposições são menos acentuadas do que se poderia imaginar.

Comecemos, no entanto, por recordar que a intolerância científica na história foi maioritariamente católica e que a execução do médico e teólogo espanhol Miguel Servet ([6]) (*c.* 1511-1553) pelos calvinistas e sob pressão do próprio João Calvino (1509-1564) é imputável a

---

([5]) A . Koyré, *Du monde clos à l'univers infini, op. cit.*, p. 337.

([6]) Em França, Michel Servet, na Grã-Bretanha, Michael Servetus.

A HISTÓRIA DAS CIÊNCIAS E AS REPRESENTAÇÕES DO MUNDO

confrontos teológicos e não, evidentemente, à descoberta da "pequena circulação", que lhe é atribuída ([7]). A este propósito, recorde-se que Servet já anteriormente tinha sido queimado em efígie em Lião pelos católicos; recorde-se também que Giordano Bruno foi efectivamente queimado, em 1600.

A diferença entre o olhar católico e o olhar protestante, a propósito do relacionamento homem-Natureza, tem chamado muitas vezes a atenção dos historiadores. Trata-se de um ponto importante, pois a diferença de mentalidades induziu práticas sociais diferentes. A tradição católica situava-se numa relação de domínio do ser humano sobre a Natureza: «Deus abençoou Noé e os seus filhos e disse-lhes: sede fecundos, multiplicai-vos e enchei a terra. Sereis temidos e respeitados por todos os animais da terra, por todas as aves do céu, por tudo quanto rasteja sobre a terra e por todos os peixes do mar: entrego-os ao vosso poder»([8]). A Natureza deveria ser submetida ao homem, nele e em volta dele.

Muito diferente, a tradição protestante posicionava-se numa situação de adoração da Natureza, entendida como criação de Deus e manifestando a sua glória. Assim, por exemplo, não é por acaso que um dos textos considerados fundadores da ecologia anglo-saxónica, *The Natural History of Selborne.*([9]), do nome de uma aldeola situada a sueste de Londres, é da autoria do pastor protestante Gilbert White (1720-1793). Este confronto entre concepções manipuladoras, destruidoras e brutais e concepções mais suaves e respeitadoras dos equilíbrios naturais, explica por que motivo a "ecologia" no quotidiano é mais acentuada nos países onde a religião protestante está fortemente implantada do que nos países católicos.

Existem, contudo, numerosos contra-exemplos, que levam à consideração de cambiantes: veja-se, por exemplo, a tradição

---

([7]) Trata-se da circulação pulmonar.

([8]) *Génesis*, 9, 1-2.

([9]) G. White, *The Natural History of Selborne,* Londres, Thames and Hudson Ldt., 1993 [1ª ed.: 1789].

personalizada por Francisco de Assis e as violências exercidas sobre o corpo por um determinado puritanismo anglo-saxónico. Aliás, a importância do protestantismo no desenvolvimento da ciência nos séculos XVII e XVIII não foi maior, ao que parece, que a da apologética católica. Em todo o caso, é esta a opinião de Frederic Bodenheimer: «No decurso deste período, a físico-teologia de Durham, de Bonnet, do abade Pluche e de numerosos outros, não foi menos eminente nos Países Baixos protestantes do que na França católica»([10]).

II. O movimento romântico e a *Naturphilosophie*

1. O movimento *Sturm und Drang*. — O movimento romântico pertence a uma outra ordem de representação global do mundo. Não está enraizado numa Igreja e concebe a presença de Deus na Natureza sob a forma de imanência. É a expressão de uma nova maneira de pensar e de sentir, que tem a sua fonte principal na Alemanha, no decurso das últimas décadas do século XVIII. Exerceu uma influência profunda sobre a ciência do século XIX, particularmente sobre as ciências do ser vivo. A expressão *Sturm und Drang* é intraduzível, mas significa literalmente "tempestade e ímpeto". Trata-se do título de um drama de Friedrich Maximilian von Klinger (1752-1831), que deu o nome ao movimento literário alemão donde iria surgir o romantismo. Goethe (1749-1831) e Schiller (1759-1805) estiveram entre os chefes de fila do movimento *Sturm und Drang*. Os sentimentos tempestuosos e os ímpetos apaixonados do coração depressa vão ocupar o lugar da racionalidade clássica. Ambos os poetas foram fortemente influenciados pelo escritor e filósofo Herder (1744-1803), que foi também um dos principais fautores deste movimento.

O pensamento de Herder, inicialmente elaborado contra a filosofia das Luzes, envolve a ideia de que a humanidade realiza um projecto

---

([10]) F. S. Bodenheimer, *The History of Biology: an Introduction, op. cit.,* p. 39.

divino, projecto que escapa à consciência do ser humano: «A força que pensa e age em mim é por natureza tão eterna como aquela que mantém coesos os sóis e as estrelas (...), as leis segundo as quais ela existe e reaparece sob outras formas nunca se modificam»([11]). Assim, as nações realizam um projecto que os indivíduos ignoram, porque a inteligência de Deus "pensa e age" neles. Separadamente, os homens nada são, é o conjunto que é tudo – no entanto, tal conjunto é constituído pela soma dos seus elementos.

O movimento *Sturm und Drang* está contido no pensamento da totalidade: «Para a Natureza, perfeitamente satisfeita com aquilo que ela é em todos os lugares, o grão de poeira tem tanto valor como um imenso conjunto». Vemos, desde as origens, perfilarem-se ao longe as novas concepções da Natureza que, um século mais tarde, irão dar origem, por exemplo, à ecologia científica, na qual sabemos que cada elemento conta como parte de um *sistema*.

2. A *Naturphilosophie*. — A nova visão romântica do mundo fez-se acompanhar por uma nova filosofia. Muitas vezes, considera-se Schelling (1775-1854) o fundador da *Naturphilosophie*. O tema central de Schelling é o da eterna unidade: a Natureza é um sistema cujos fundamentos são de ordem espiritual, pois um desígnio divino anima o desenvolvimento do mundo e do homem. Fazer a separação entre o homem e o mundo tornaria impossível a compreensão deste desígnio, a compreensão do homem e a da Natureza. Por esse motivo, toda a separação e todo o conflito – particularmente entre o homem e a Natureza – são redutores e ruinosos ([12]).

Convém, pois, recusar os antagonismos tradicionais entre o espírito e a matéria, a alma e o corpo, o sujeito e o objecto, o visível e o invi-

---

([11]) J. G. Herder, *Idées pour la Philosophie de l'histoire de l'humanité*, Paris, Aubier-Montaigne, 1962 [1ª ed. alemã: 1784], p. 87.

([12]) Para uma análise das relações entre a *naturphilosophie* e as raizes da geografia humana, *vide* Donato Bergandi, "The Geography of Human Societies", *in* P. Acot (ed.), *The European Origins of Scientific Ecology (1800-1901)*, 2 vol., CD-ROM, Introdução de Patrick Blandin, Amesterdão, Gordon & Breach (EAC), 1998.

sível, etc. Pelo contrário, os seres humanos devem ser vistos em harmonia com os ritmos vitais do mundo: «Todo o conflito na ciência não pode, por natureza, deixar de ter apenas uma origem: o esquecimento daquilo que, consistindo na felicidade, não pode gerar conflitos dentro de si próprio (...); o renascimento de todas as ciências e de todas as parcelas de cultura só pode começar pelo reconhecimento do todo e da sua eterna unidade»([13]). Pensamos nas últimas linhas do *Hypérion* de Hölderlin (1770-1843): «As dissonâncias do mundo são como os arrufos dos namorados. A reconciliação habita a discussão e tudo aquilo que foi separado volta a reunir-se»([14]). Pensamos igualmente na dialéctica de um outro monista, contemporâneo de Hölderlin e de Schelling, que foram seus condiscípulos em Tubinga: Hegel (1770-1831).

Percebe-se até que ponto a *Naturphilosophie* conseguiu marcar a ciência do século XIX. Os antigos racionalismos dualistas instalavam abismos entre os pares conceptuais (e conflituais) acima evocados, ao passo que Herder e Schelling lançavam sobre o mundo um olhar que hoje classificaríamos de "holista"([15]). É significativo que o século XIX tenha sido um século de numerosas sínteses científicas, como a de Alexander von Humboldt (1769-1859), que intitula a sua obra mais importante "Cosmos" ([16]), ou como a de Darwin; e o século da obra de Marx (1818-1883) e de Engels (1820-1895).

Até mesmo Goethe (1749-1832), que logo se distanciou do movimento *Sturm und Drang* e, mais tarde, também do Romantismo, e que não foi um *naturphilosoph*, deixou uma obra científica contrastada ([17]),

---

([13]) F. W. J. von Schelling, "Aphorismes pour introduire à la philosophie de la nature", in *Oeuvres métaphysiques*, Paris, Gallimard, 1980 [1ª ed. alemã: 1805], p. 23-24.

([14]) J. C. F. Hölderlin, *Hypérion*, Paris, Gallimard, 1997 [1ª ed. alemã: 1797-1799], p. 240.

([15]) Do grego *holos*, o "todo".

([16]) A. von Humboldt, *Cosmos*, 1ª parte, Paris, Gide, 1846 [1ª ed. alemã: 1845].

([17]) A sua descoberta do osso intermaxilar no homem é um êxito notável, pois Vesálio e o naturalista Johann Friederich Blumenbach (1752-1840) negavam a sua existência no homem. Em contrapartida, Goethe encarniçou-se esterilmente contra Newton.

mas banhada por uma epistemologia que se encontra em harmonia com a *naturphilosophie*: a matemática empobrece o real, a ciência clássica recorta a realidade até a tornar irreconhecível e o mecanismo do paradigma newtoniano restitui uma imagem artificial do real. Contra as abstracções quantificadas da ciência clássica, o erudito deve sentir o mundo e edificar uma "fisiologia físico-química", uma vez que a análise é "assassina".

III. A ciência chinesa vista pelo externalista Joseph Needham

Um terceiro tipo de representações globais do mundo, que interpela os historiadores das ciências, é representado pelas grandes tradições científicas não europeias. Em particular, uma das questões que regularmente se colocam a propósito das tradições científicas não ocidentais é a que mobilizou o historiador da ciência chinesa Joseph Needham (1900-1995): por que motivo a ciência moderna não nasceu na China? Pode formular-se esta pergunta de outra maneira: qual é a especificidade chinesa que obviou a tal nascimento? Poderíamos, aliás, inverter este questionamento e perguntar, por exemplo, o que foi que, no Ocidente, impediu o desabrochar de uma medicina tradicional, tão importante em determinados domínios como a medicina chinesa? As especificidades em causa serão "sociais", em sentido amplo? Nesse caso, conviria lançar sobre o problema um olhar externalista; ou serão filosóficas? Então, é do lado do pensamento internalista que se deveria procurar.

Talvez convenha também evitar distinções demasiado acentuadas: «Para explicar o nascimento da ciência, não basta explicar (ou descobrir) a origem das ideias no sentido mais intelectual da palavra (...). Os historiadores externalistas não negam que haja inovações intelectuais, mas estudam o seu desenvolvimento tendo na maior conta as conjunturas históricas»[18].

---

[18] P. Thuillier, *Les savoirs ventriloques, ou comment la culture parle à travers la science*, Paris, Editions du Seuil, 1983, p. 36.

1. **"Leis" da Natureza impossíveis de encontrar.** — Joseph Needham perguntou a si próprio se uma das razões importantes pelas quais a ciência moderna só apareceu na Europa não terá sido o facto de os Chineses ignorarem a relação de homologia, cujo conceito está tão difundido no Ocidente, entre as leis humanas e as leis da Natureza. Por outras palavras, pergunta-se ele, «(...) a ideia de leis da Natureza terá sido um factor necessário?» Needham vai descobrir no direito romano a origem da ideia de "lei natural": o afluxo de estrangeiros estabelecidos em Roma tinha feito nascer a necessidade de um aparelho jurídico aplicável a todos e por todos aceite. Ora, tal noção não existiu no direito chinês. E Needham demonstra que a ideia de "legislação", à qual os objectos naturais teriam de obedecer, é implicitamente recusada em toda a cultura tradicional chinesa: «a afirmação de que não existe um céu ordenando aos processos da Natureza que sigam um percurso regular, está ligada à ideia fundamental do pensamento chinês que é o *wu-wei*: a não-acção, ou a acção espontânea»([19]).

2. **O mandarinato.** — Vê-se que Joseph Needham não faz do pensamento científico uma espécie de emanação mecânica das circunstâncias sócio-políticas e que o seu externalismo está longe de ignorar as mediações. Além disso, as explicações que propõe são sempre multifactoriais. Assim, concede grande importância ao sistema burocrático-feudal – o mandarinato – na explicação do carácter singular da ciência chinesa. O sistema burocrático teria nascido a partir da necessidade do "controlo da água" em grande escala: «(...) três necessidades – a irrigação, a conservação da água e o transporte dos cereais – exigiam a criação de uma economia da água»([20]). A gestão deste recurso essencial não podia ser parcelizada, pelo que foi transferida para uma autoridade central; daí o desenvolvimento do mandarinato. O desenvolvimento das ciências aplicadas teria estado ligado a esta necessidade. «Veja-se o caso do sismógrafo», sugere

---

[19] *Ibid.*, p. 236.

[20] *Ibid.*, p. 244.

Joseph Needham para ilustrar este ponto: «É contemporâneo do pluviómetro e mesmo do nivómetro (...) e é muito provável que o factor que provocou tais invenções tenha sido o desejo da burocracia centralizada de se mostrar capaz de prever qualquer acontecimento futuro»([21]). Seria inútil pretender condensar em alguns parágrafos uma obra tão imponente sob todos os pontos de vista como é *Science and Civilisation in China* ([22]). O que acima se disse visava unicamente recordar que, à imagem do pensamento profundo e matizado de Joseph Needham, o externalismo bem ponderado está muito acima de certas caricaturas hoje produzidas, a coberto da "história sociológica das ciências".

IV. O Islão e a ciência

1. Um elo com a Antiguidade, contributos originais. — Tal como acabámos de dizer em relação à ciência chinesa, não se trata aqui de estabelecer um catálogo exaustivo das descobertas científicas e dos progressos tecnológicos que a Europa ocidental ficou a dever à ciência árabe. Recorde-se apenas que, entre o século VIII e o século XV, a ciência foi essencialmente árabe. A civilização ocidental não deve apenas à civilização árabo-islâmica ([23]) a transmissão dos contributos científicos da Antiguidade, como, por exemplo, a tradução dos tratados de medicina de Hipócrates de Cós (460-377), de Galeno de Pérgamo (*c*.130-201) e de Dioscórides de Anatólia (século I); ficou a dever--lhe também numerosas elaborações teóricas, descobertas e técnicas originais ([24]) – em primeiro lugar, a álgebra, como ramo distinto da

---

([21]) *Ibid.,* p. 25.

([22]) J. Needham e col., *Science and Civilisation in China,* 7 vol., Cambridge, Cambridge University Press, 1954.

([23]) No século VII, os Árabes fundam um império que se estende desde a Pérsia à Península Ibérica.

([24]) Sobre este ponto, consultar a indispensável obra sobre a ciência árabe, publicada sob a direcção científica de Rosdi Rashed : *Histoire des sciences arabes,* 3 vol., Paris, Editions du Seuil, 1997.

matemática, assim como numerosas ramificações desta disciplina: «(...) a aplicação da aritmética à álgebra, da álgebra à aritmética, de uma e de outra à trigonometria, da álgebra à teoria euclidiana dos números, da álgebra à geometria, da geometria à álgebra (...). Assim, verão a luz do dia a álgebra dos polinómios, a análise combinatória, a análise numérica, a resolução numérica das equações, a nova teoria elementar dos números, a construção geométrica das equações»([25]).

À ciência árabo-islâmica devemos também os tratados de medicina, de cirurgia, de obstetrícia de Razés [al-Razi] (? – 923) e de Avicena [Abu ibn Sina] (980-1037); e, em astronomia, numerosas tabelas para o cálculo do movimento dos planetas ([26]). Ficámos ainda a dever aos horticultores e botânicos árabes a introdução na Península Ibérica da tamareira, da cana-de-açúcar (e do açúcar, no Ocidente), do arroz, do algodão, da laranjeira e de numerosas plantas medicinais. Os ocidentais devem aos horticultores árabes o limão, a manga, o jasmim e a pimenta.

Visto que está fora de questão o desenvolvimento destes contributos, contentar-nos-emos em reter dois aspectos essenciais desta ciência tão rica, porque têm a ver ao mesmo tempo com a teoria da história das ciências e porque marcaram de forma duradoura a ciência europeia: trata-se da importância adquirida pela alquimia e pela astrologia na ciência árabe, no decurso do período medieval.

2. A dimensão "científica" da alquimia árabe. — Para o grande público, a alquimia reduz-se à busca da pedra filosofal, cujas propriedades maravilhosas deviam permitir particularmente a transmutação dos metais imperfeitos em metais nobres, como o ouro. Na realidade, trata-se de algo completamente diferente, embora a transformação do chumbo em ouro tenha ocupado um lugar certo no decurso da história da alquimia: «Os contra-sensos começam a partir do momento

---

([25]) R. Rashed, *in* "Islam. Les mathématiques et les autres sciences", *Encyclopaedia Universalis*, CD-ROM, 12-706b.

([26]) Sobre a importância da alquimia árabe na ciência ocidental, *cf.* adiante.

em que se reduz a alquimia a uma química grosseira, completamente arbitrária e seguramente menos eficaz que a de Lavoisier, de Nobel e de Rhône-Polanc»[27]. Com efeito, a alquimia é uma tradição na qual se encontram, ao mesmo tempo, práticas artesanais e misticismo, indissociavelmente amalgamados. Onde nós distinguimos quase claramente as práticas técnicas e científicas da especulação metafísica, do misticismo, da religião e da filosofia, os alquimistas vêem apenas uma única ordem de actividade.

Tal como a etimologia o atesta, trata-se também de uma tradição muito antiga: «Do latim medieval *alchemia,* termo tirado do árabe *al-kimiya,* por sua vez cunhado a partir do grego *khêmia,* magia negra, com origem no termo egípcio *kem,* negro. O latim medieval conhecia também *chimia,* derivado de *alchemia,* que deu *química*»[28]. A etimologia permite-nos, assim, entrever a relação com a química, o que remete para problemas de descontinuidade em história das ciências. No entanto, não é o aspecto mágico-místico da alquimia, nem sequer as suas relações ambíguas com a química, que aparecem em primeiro lugar, quando se considera o papel da alquimia árabe na ciência ocidental, mas sim o facto de que ela é portadora de conceitos gerais do mundo que recordam as filosofias pré-socráticas, com a diferença importante de que ela não se isola na especulação mas interroga o mundo através das práticas materiais: «Nem esoterismo, nem pré-química, a alquimia aparece como uma componente histórica essencial da reflexão racional sobre a composição da matéria e sobre a formação dos corpos mistos»[29].

A alquimia árabe desenvolve-se com o persa Djabir ben Hayyan – Jabir ou Geber (*c*.760-*c*.815) na Europa cristã. Uma matéria original,

---

[27] P. Thuillier, *Les savoirs ventriloques...,op. cit.,* p. 16.

[28] A. Dauzat, J. Dubois, H. Mitterand, *Nouveau dictionnaire étymologique,* Lib. Larousse, 1964.

[29] B. Joly, "Quand l'alchimie était une science", *in* B. Joly (dir.), *Revue d'histoire des sciences,* Théorie et pratique dans la constitution des savoirs alchimiques, t. 49, 2-3, 1996, p. 150.

a "matéria prima", recordando a *arkhê* dos pré-socráticos, reveste-se de formas substanciais, que dão origem aos quatro elementos. Estes elementos possuem propriedades, "naturezas": o quente, o frio, o seco e o húmido. As combinações destas propriedades dão aos quatro elementos as suas qualidades (o fogo é quente e seco; a água, fria e húmida, etc.). Os quatro elementos podem transformar-se uns nos outros, mas de acordo com regras que interditam as metamorfoses demasiado bruscas: assim, o fogo não pode transformar-se directamente em água, visto que não possui nenhuma propriedade em comum com ela; em contrapartida, transforma-se primeiro em ar (quente e húmido); a transição será possível através deste intermediário. Os metais possuem quatro "naturezas": duas internas e duas externas, que lhes são conferidas pelo Enxofre e pelo Mercúrio. Mas não se trata do enxofre e do mercúrio comuns. Trata-se de substâncias infinitamente puras, de que o enxofre e o mercúrio que conhecemos não passam de grosseiras aproximações. A alquimia vai, pois, consistir em tentar as purificações necessárias para a obtenção da pedra filosofal. Assim, quando o enxofre e o mercúrio forem idealmente puros, dão – fundidos nas justas proporções – o ouro, que é o mais perfeito dos metais; se não, obtêm-se metais menos preciosos, como a prata, ou metais imperfeitos, como o ferro. Na Natureza, os metais formam-se assim no seio da Terra – as proporções alteram-se sob a influência dos planetas. Ulteriormente, no século XVI, o alquimista Paracelso (1493-1541), vai introduzir o "Sal" como terceiro elemento fundamental, ao lado do Enxofre e do Mercúrio. Entretanto, milhares de alquimistas terão praticado em laboratório as calcinações, sublimações, cristalizações, reduções e dissoluções necessárias à obtenção da pedra filosofal.

A maior parte dos historiadores que se debruçaram sobre a alquimia admite que o seu balanço científico é relativamente exíguo ([30]). No

---

([30]) Este juízo pode, contudo, ser ligeiramente matizado. Assim, por exemplo: "No seu (...) *Cofre da sabedoria,* Djabir menciona o ácido nítrico. Noutros escritos, assinala que o cobre empresta uma coloração verde à chama; indica os processos para preparar o aço, para refinar os outros metais, para tingir as roupas e o cabedal, para fabricar vernizes que tornam

entanto, não é aí que se coloca a questão primordial. Efectivamente, como seria possível não ver que os projectos alquímicos estão menos afastados do que parece à primeira vista das restantes tentativas de conhecimento da Natureza então efectuadas, e que, dos píncaros do nosso saber actual, qualificamos como "científicas"? Podemos considerar que as práticas em uso nos laboratórios dos alquimistas contribuíram para criar as condições de uma interrogação experimental da Natureza. E, embora a sua irracionalidade tenha marcado hoje a alquimia com um sinete infamante, ela não poderia ter representado, no decurso do período medieval, um critério não-científico, visto que a ideia de "ciência" – no sentido em que hoje a entendemos – não se tinha ainda constituído.

3. A astrologia árabe e a astronomia. — Isaac Newton (1643--1727) faz parte dos cientistas que não esperaríamos encontrar classificados, se não entre os alquimistas, pelo menos entre aqueles para quem a separação entre a alquimia e a ciência racional não era muito nítida. Interessou-se até bastante pelas dimensões especulativas e místicas da alquimia: «Deixou numerosos manuscritos em que nem sempre se distingue com clareza o que copiou das obras de alquimia (Flamel, Filateto, etc.) e o que vem dele próprio. É certo que fez bastantes experiências e que admitiu (...) a *transmutação* alquímica como possível, por exemplo, do ferro em cobre»([31]). Genericamente, numerosos cientistas do passado, e dos mais prestigiados, não ficaram insensíveis, uns ao ocultismo, outros à astrologia, outros à alquimia, ou às três coisas simultaneamente: foi o caso, particularmente, de

---

o vestuário impermeável, para preservar o ferro da ferrugem, para aplicar um mordente de alúmen na roupa, para fabricar uma tinta fosforescente a partir da marcassita "dourada", substituindo a que se obtinha a partir do ouro, demasiado dispendiosa. Menciona o bióxido de manganésio no fabrico do vidro e sabe concentrar o ácido acético, destilando o vinagre" (Georges C. Anawati, *in* "Islam. Les mathématiques et les autres sciences", *op. cit.*, 12-717*a*).

([31]) P. Thuillier, *Les savoirs ventriloques...*, *op. cit.*, p. 21. Ver também do mesmo autor: "Newton alchimiste", in *La revanche des sorcières, l'irrationnel et la pensée scientifique*, Paris, Belin, 1997 p. 56-81.

Jerónimo Cardan (1501-1576), de Copérnico, de Giordano Bruno e de Kepler. Para além do anedótico, o que é importante para a história das ciências é entender que as distinções racionais, que hoje nos parecem óbvias, nem sempre estiveram tão bem definidas como se pensa.

É por isso que o facto de a observação dos astros ter sido praticada no mundo árabo-muçulmano do período medieval, no interior de quadros conceptuais que hoje qualificaríamos como irracionais, não se reveste de uma importância extrema, face à concepção do mundo transportada pela astrologia: a da unidade do universo. Uma vez que o universo é um todo, até mesmo – para os alquimistas – um único e mesmo organismo, todos os seus elementos são, de certa forma, interdependentes. O percurso sideral dos astros revela-se aos observadores como inexorável e previsível, à semelhança da maneira como os seres humanos idealizam o seu destino. O astrólogo vai, pois, procurar no céu *sinais* que permitam conhecer antecipadamente o destino dos indivíduos, dos reis e dos povos. Para isso, precisa de conhecer os astros, as suas posições e os seus movimentos respectivos; precisa igualmente de conhecer os movimentos planetários no interior do zodíaco (o "círculo dos animais", entre os Gregos). O zodíaco é uma faixa de 18° no interior da qual se efectuam todas as trajectórias aparentes da Lua e dos planetas. Tinha sido dividido pelos Babilónios em doze segmentos iguais de 30°, os "signos", baptizados com o nome da constelação das estrelas fixas sobre a qual estavam situados: Touro, Carneiro, Peixes, etc.

A astrologia árabo-muçulmana foi combatida pelos filósofos devido ao seu determinismo, e pelos teólogos pelas mesmas razões – mas talvez também porque fazia concorrência à religião. Resta que fez progredir a astronomia de forma importante, particularmente devido ao uso e ao desenvolvimento de processos matemáticos na fase preparatória, que precedia as interpretações. Ainda aqui, aquilo que por vezes é qualificado como "pseudociência" – e este juízo, por ser retrospectivo, nem por isso é menos correcto – desempenhou um papel não desprezível no desenvolvimento do saber científico.

IV

HISTÓRIA DAS CIÊNCIAS, IDEOLOGIA E POLÍTICA

I. A ciência não é nem "pura" nem "neutra"
Uma das ilusões mais fortemente arraigadas no público a propósito da ciência é que ela é "pura", quer dizer, desembaraçada de escórias ideológicas, preconceitos e ideias pré-concebidas, que atulham os discursos não científicos sobre o mundo; seria igualmente "neutra", no sentido em que os aspectos negativos das sociedades humanas não teriam com ela qualquer ligação: assim, para alguns, a pesquisa fundamental em física atómica seria neutra em si e as suas aplicações militares deveriam ser considerados desvios. outros, pelo contrário, pensam que as aplicações militares estão implicadas no próprio projecto da física atómica: «(...) a física tornou possível a bomba atómica (...); afirmar a neutralidade da ciência é negar a espécie de lógica operatória que lhe está imanente»([1]). O que está aqui em causa é o carácter cultural da ciência: ou a ciência é, de certa forma, transcendente e então a sua neutralidade seria possível; ou então, ela é produzida em condições culturais determinadas, quer dizer, no quadro de um dado projecto social – seja ele implícito ou explícito – e, neste

---

([1]) P. Thuillier, *Le petit savant illustré,* Paris, Editions du Seuil, 1972, p. 103.

caso, a sua neutralidade é ilusória. Como vamos ver, o pensamento de Darwin ilustra este ponto de forma quase paradigmática.

1. O "racismo" de Darwin. — Em *A Origem do Homem,* que aborda as origens e a evolução do homem, Darwin alarga a toda a humanidade o campo de acção dos mecanismos da selecção natural – o que em *A Origem das espécies* apenas se encontrava de forma implí-cita. Mas na Natureza – esse universo de presas e garras, onde só os mais aptos sobrevivem – foram seleccionados e transmitidos comportamentos de entreajuda, sempre que eram vantajosos para o grupo ou para a população em que tinham surgido e em que se tinham desenvolvido. Assim, pelo jogo da selecção natural, aparecem e desenvolvem-se nos seres humanos comportamentos não selectivos, ou seja, qualidades "morais": solidariedade, entreajuda, caridade, etc. ([2]) Estamos em presença de um conceito que salva a continuidade do ser vivo, ao mesmo tempo que provoca uma ruptura entre os animais e os seres humanos.

No entanto, a continuidade traz problemas, como o atesta, por exemplo, o passo seguinte: «Quanto a mim, preferia descender do macaquinho heróico, que desafia um inimigo terrível para salvar o dono; ou do velho babuíno que, descendo do alto, arranca triunfalmente o jovem camarada à matilha de cães atónitos – a descender de um selvagem que se compraz em torturar os seus inimigos, em oferecer sacrifícios sangrentos, praticando sem remorsos o infanticídio e ignorando toda a decência, presa das mais grosseiras superstições»([3]).

De facto, na obra darwiniana, são numerosos os passos em que as "raças inferiores" são apresentadas como moralmente inferiores a certos animais. Será que se trata de racismo, no sentido em que o entendemos nos nossos dias? Sob o ponto de vista da história das

---

([2]) Para uma análise rigorosa deste mecanismo, *cf.*: J. Gayon, *Darwin et l'après Darwin: une histoire de l'hypothèse de sélection naturelle,* Paris, Kimé, 1992, p. 84-91, particularmente. De notar que Patrick Tort baptizou o processo em causa: "efeito reversivo da selecção"; cf. Patrick Tort (ed.), *Dictionnaire du darwinisme,* 3 vol., Paris, PUF, 1996.

([3]) C. Darwin, *La Descendance de l'homme, op. cit.,* vol. II, p. 440.

ciências, contudo, não é aí que se situa a questão mais importante. Numerosos escritos de Darwin encerram ideias muito generosas, particularmente anti-esclavagistas. Em contrapartida, a lógica do seu sistema é mais incómoda: a evolução, em Darwin, é uma «caminhada para o progresso», que se inicia com as formas mais simples e prossegue com uma crescente complexificação – os macacos superiores e os homens de «origem inferior» representariam os derradeiros estádios, imediatamente anteriores ao estádio da perfeição, representado pelo homem ([4]) anglo-saxónico moderno. Desde logo, podemos lamentar que o homem «(...) conserve ainda na sua organização corporal o labéu indelével da sua origem inferior»([5]). No entanto, é esta continuidade que deve conduzi-lo a «experimentar simpatia» para com «os mais grosseiros dos seus semelhantes» e a testemunhar-lhes a sua «benevolência»([6]).

Racista ou não, o pensamento científico de Darwin está longe de ser "puro". Pelo contrário, está marcado em profundidade pela influência difusa da ideologia vitoriana: a compaixão pelos pobres, a simpatia que convém testemunhar-lhes e a educação que seria necessário ministrar-lhes em matéria de higiene e de sobriedade, tinham como homóloga a missão civilizadora do império britânico – o colono inglês era, obviamente, o tipo acabado do cavalheiro: «Tal como a maioria dos seus contemporâneos, Darwin via a civilização europeia e a raça branca como os produtos mais elevados da evolução social e intelectual, rejeitando as raças inferiores como ramos da espécie humana que tinham ficado bloqueados na escala dos seres»([7]). Vamos, de seguida, ver que o pensamento darwiniano não é mais "neutro" do que "puro".

([4]) Em Darwin, o homem é superior à mulher em tudo, excepto, evidentemente, naquilo que diz respeito à beleza.

([5]) *Ibid.*, p. 441.

([6]) *Ibid.*

([7]) P. Bowler, *Biology and social Thought: 1850-1914*, Departamento de História da Ciência e Tecnologia, Universidade da Califórnia em Berkeley, 1993, p. 45.

2. **A questão do "darwinismo social"** — O darwinismo social é a doutrina que pretende que os mecanismos da selecção darwiniana (concorrência vital, luta pela vida, selecção natural e sobrevivência dos mais aptos) podem ser transferidos de maneira válida para as sociedades humanas. O seu mais famoso promotor, no decurso da segunda metade do século XIX, foi o sociólogo Herbert Spencer (1820-1903). Apontou-se muitas vezes que este conceito funcionava, na altura, como ideologia de legitimação do liberalismo económico, que já atingia o auge na Inglaterra vitoriana.

Colocou-se frequentemente a questão de sublinhar o que o darwinismo social, qualquer biologia social ou até mesmo a sociobiologia ([8]) contemporânea ficaram a dever ao pensamento darwiniano. Salvo a aceitação do conceito fundamentalista já evocado, segundo o qual, no texto do erudito, a lógica do discurso anularia tudo aquilo que fosse ideologicamente contestável, ([9]) verifica-se que a teoria darwiniana da selecção encerra considerações éticas, políticas até. Assim: «Há certamente muito de verdade na opinião de que os maravilhosos progressos dos Estados Unidos, tal como o carácter do seu povo, são o resultado da selecção natural; os homens mais corajosos, mais enérgicos e mais empreendedores de todas as partes da Europa emigraram, efectivamente, durante as dez ou doze últimas gerações, para este grande país, tendo aí prosperado da melhor maneira»([10]). Ou ainda, extraído do edificante resumo geral de *A*

([8]) A "sociobiologia" é uma biologia social geralmente apresentada como o estudo dos fundamentos biológicos dos comportamentos sociais. Foi fundada por um etologista mirmecólogo (especialista em formigas), chamado Edward O. Wilson – que foi também, juntamente com Robert H. Mac Arthur (1930-1972), o pai da biogeografia insular. A acusação de "fascismo" de que foi alvo é, no que lhe diz respeito, exagerada. No entanto, a sociobiologia continua a ser um dos temas privilegiados da extrema direita. Cf. sobre a sociobiologia: Pierre Thuillier, *Les biologistes vont-ils prendre le pouvoir? La sociobiologie en question*, Bruxelas, Editions Complexe, 1981; E. O. Wilson, *Sociobiology, the new synthesis*, Cambridge (Mass.), The Belknap Press, Harvard University Press, 1975.

([9]) Cf. cap. II, III, 2: "Ciência e ideologia, entre a anarquia e o integrismo".

([10]) C. Darwin, *La Descendance de l'Homme, op. cit.*, vol. I, p. 198.

Origem do homem, o seguinte passo, que contém uma recomendação que não se pode afirmar ser politicamente neutra: «Como todos os outros animais, o homem chegou certamente ao elevado grau de desenvolvimento actual através da luta pela existência, consequência da sua rápida multiplicação; para chegar ainda mais alto, é necessário que continue empenhado numa luta árdua. De outra forma, cairia num estado de apatia, em que os mais dotados não teriam maior êxito no combate pela vida do que os menos dotados»([11]).

II. A ideologia poderá ser identificada com a ciência?

1. Ideologia craniométrica e antropologia no século XIX. — Admitindo que a ciência não é nem pura nem neutra – conclusão a que tudo nos convida, como acabamos de ver – surge uma questão fundamental, a propósito das relações entre ciência e ideologia. Ou a separação entre as duas é nítida, e não se compreende muito bem que o seu entrosamento seja aparentemente inextrincável; ou então não é, e torna-se arriscado traçar uma fronteira entre ciência e ideologia. Mas então, entrar-se-ia em contradição com o facto de que, na experiência subjectiva comum à maioria dos cientistas e dos filósofos, são sentidas como entidades distintas. O problema é aliciante, porque, como vamos ver a propósito da antropologia no século XIX, não só tem a ver com o estatuto da ciência mas igualmente, e de forma inesperada, com a questão da liberdade humana. Começaremos por recordar as grandes linhas de duas abordagens científicas muito marcadas pela ideologia, no sentido pejorativo do termo: a craniometria e o eugenismo.

Julgou-se durante muito tempo, no século XIX, que a sede da inteligência no cérebro humano estava situada nos lóbulos frontais. Paul Broca (1824-1880) deu disso a melhor prova – de forma quase experimental – numa descrição das «deformações cranianas na ilha de Taiti»: «A deformação frontal produzia paixões cegas, instintos ferozes e a coragem do bruto, a que eu prefereria chamar a coragem

---

([11]) *Ibid.,* vol. II, p. 439

occipital e que não deve confundir-se com a coragem frontal, que se poderia também chamar coragem caucásica. A deformação occipital, pelo contrário, tornava os homens mais senhores de si próprios, abrandava o temperamento, desenvolvia a reflexão, a eloquência e a ponderação; era assim que se fabricavam, à vontade, heróis para a guerra ou sábios para o conselho»([12]).

Efectuaram-se então numerosos trabalhos de medição e descobriu--se – com toda a objectividade, naturalmente – que os lóbulos frontais masculinos eram muito mais desenvolvidos do que os das mulheres. Um pouco mais tarde, porém, concluíram que as medições estavam erradas e que os mais desenvolvidos eram os lóbulos frontais femininos. Felizmente, descobriu-se – também com toda a objectividade – que a verdadeira sede da inteligência humana, afinal, está situada nos parietais, justamente mais desenvolvidos nos homens ([13]).

Algo de análogo se produziu aquando de um debate entre Paul Broca e Pierre Louis Gratiolet (1815-1865). Paul Broca era neuro--anatomista; foi cirurgião do hospital de Bicêtre e fundador da Sociedade de Antropologia de Paris, em 1859. É conhecido por ter demonstrado a localização cortical das funções intelectuais superiores, descobrindo a localização do pólo motor da linguagem, no lado direito do cérebro ("área de Broca") ([14]). Pierre Louis Gratiolet era médico e foi chefe dos trabalhos anatómicos no Museu Nacional de História Natural. O seu debate com Broca ocorreu em 1861. Apoiado em provas "objectivas", Broca considerava que a medição dos crânios humanos permitia avaliar o valor relativo dos seres humanos, o que Gratiolet contestava. A ideia central de Broca era a seguinte: «(...) primeiro, o tamanho do cérebro está em relação directa com a inteligência e,

---

([12]) P. Broca, "Sobre o volume e a forma do cérebro, de acordo com os indivíduos e conforme as raças", *Bulletin de la société d'anthropologie de Paris,* 1861, p. 202-203.

([13]) Para o estudo aprofundado de um aspecto essencial da craniometria no século XIX, cf. C. Blankaert, As vicissitudes do ângulo facial, *Revue de synthèse,* IV série, nº 3-4, Julho--Dezembro, 1987.

([14]) Cf. M. Sakka, *Histoire de l'anatomie humaine, op. cit.,* p. 108.

segundo, os homens brancos das classes favorecidas possuem um cérebro mais volumoso que os das mulheres, dos pobres e das raças inferiores»([15]). Os problemas surgiram quando se descobriram homens eminentes com um cérebro pequeno e mulheres e negros com um cérebro volumoso. Claro, introduziram-se logo ajustamentos, índices de ponderação e toda a espécie de hipóteses *ad hoc* – com toda a objectividade científica – para explicar estas "anomalias".

Na mesma época, surgiu em paleoantropologia um problema absolutamente idêntico: o volume craniano médio do homem de Neandertal não deveria ter sido maior do que o do *Homo sapiens*, para satisfazer as exigências da teoria então dominante. Tiveram que se decidir a abandoná-la. Deve-se ao anatomista francês Jean Cruveilhier (1791-1874) a observação de que é absurdo estimar que o volume cerebral seja proporcional à inteligência e que varie conforme a "raça", o sexo e o nível social ([16]).

2. O eugenismo. — A primeira tradução francesa de *A Origem das Espécies* ([17]) ficou a dever-se a Clémence Royer (1830-1902) ([18]) que a fez anteceder de um longo prefácio, assim qualificado pelo historia-dor da biologia Jean-Marc Drouin: «(...) panfleto positivista, consagrado ao triunfo do pensamento do progresso sobre o obscurantismo religioso, e à evolução da humanidade sob o efeito da 'concorrência vital', em que as teses darwinianas aparecem muitas vezes como uma simples ilustração das teorias de Clémence Royer»([19]).

([15]) S. J. Gould, *La mal-mesure de l'homme,* Paris, Ramsay, 1983, p. 94.

([16]) Cf. M. Sakka, *Histoire de l'anatomie humaine, op. cit.,* p. 111.

([17]) C. Darwin, *l'Origine des espèces,* trad. de Clémence Royer, Paris, Guillaumin, 1862. Esta tradução foi efectuada a partir da 3ª edição inglesa, saída em 1861. Para um acerto sobre o conjunto das edições e traduções de *L'Origine,* ver o prefácio de Jean-Marc Drouin na primeira edição francesa da edição de 1859, *op. cit.*

([18]) Clémence Royer, uma autodidacta, foi a primeira mulher aceite como membro da Sociedade de Antropologia de Paris.

([19]) J.-M Drouin, prefácio de *L'Origine des espèces, op. cit.,* p. 38.

Encontra-se neste prefácio a ideia do necessário melhoramento da raça humana, já presente em Darwin, e que será desenvolvido sobretudo pelo seu primo Francis Galton (1822-1911): «A lei da selecção natural, aplicada à humanidade, faz ver, com surpresa e com desgosto, como têm estado erradas até aqui as nossas leis políticas e civis, tal como a nossa moral religiosa (...). Refiro-me a esta caridade, imprudente e cega, para com os seres mal constituídos, na qual a nossa era cristã sempre tem procurado o ideal da virtude social (...). Chega-se assim ao ponto de sacrificar o que é forte ao que é fraco, os bons aos maus, os seres bem dotados de espírito e de corpo aos seres viciados e enfezados»[20]. Em muitos pontos, Darwin estava em desacordo com as notas e o prefácio da sua tradutora, mas há que admitir que estava em harmonia com os seus conceitos, conforme se pode deduzir das suas declarações, nas últimas páginas de *A Origem do homem*: «Deveria proibir-se o casamento aos dois sexos, sempre que estejam num estado demasiado acentuado de inferioridade de corpo ou de espírito(...)»[21].

Em 1883, o explorador e antropólogo inglês Francis Galton inventa a palavra "eugenismo"[22] para designar a doutrina científica da melhoria das qualidades da raça humana, transmissíveis hereditariamente. Ele era um "apóstolo da quantificação", para retomar a fórmula de Stephen Jay Gould. Tentou até cartografar a distribuição da beleza das jovens na Inglaterra... Tentou também quantificar o aborrecimento, contabilizando os sinais de impaciência durante as sessões da *Royal Geographical Society*! As suas ideias sobre a espécie humana são menos divertidas. Na sua opinião, todas as qualidades do indivíduo, físicas e morais, são hereditariamente transmissíveis. Admite, evidentemente, uma certa influência das "circunstâncias", mas nada

---

[20] Citado por P. Thuillier, in *Les biologistes vont-ils prendre le pouvoir?*, op. cit., p. 309.

[21] C. Darwin, *La Descendance de l'homme*, op. cit., p. 438.

[22] Do grego *eu*, "bem" e *genos* "raça". Cf. F. Galton, *Inquiries into human faculty and its development,* Londres, J.-M. Dent, N.-Y. Dutton, 1883 [*reimpresso*: Nova Iorque, AMS Press, 1973].

a seus olhos é mais importante do que a raça. Na Natureza, a selecção é um factor poderoso de progresso da espécie, pois é ela que elimina os seres "desfavorecidos". Ora, *a priori*, não é este o caso nas sociedades humanas. É, pois, necessário intervir sobre as bases racionais instaladas pela eugenia, impedindo, na medida do possível, a reprodução dos seres "inferiores".

As medidas preconizadas ou tomadas vão do cómico ao trágico. Cómica, retrospectivamente, é a ideia segundo a qual os mais pobres não deveriam ser socialmente ajudados; pelo contrário, as classes mais altas da sociedade deveriam ser favorecidas, através de vantagens financeiras, a fim de lhes possibilitar melhores condições de reprodução; trágico é o facto de, nos Estados Unidos, alguns estados terem adoptado uma legislação radical em matéria de esterilização dos seres considerados "inferiores" ou "inaptos", ou em matéria de disposições restritivas, visando impedir o casamento dos débeis, dos alcoólicos, alienados, epilépticos, etc. ([23]) Sabe-se também que as teses eugénicas e os numerosos trabalhos que elas inspiraram desempenharam papel importante na legislação racial nazi.

3. Os cientistas são sempre livres. — Os dois exemplos que acabam de ser apresentados são enganadores. À primeira vista, a ideologia comum no seio da qual se desenvolveram a craniometria e o eugenismo, quer dizer, a ideia de uma escala contínua e hierarquizante dos seres vivos, aparece como uma fatalidade à qual não era possível escapar. Se isso se confirmasse, se fosse impossível escapar à contaminação ideológica, seria muito difícil, impossível mesmo, separar a ciência e a ideologia. Ora, o pensamento epistemológico e filosófico hoje distingue-as. E, salvo algumas excepções, ele não as separa *a posteriori*, tentando praticar uma separação impossível, mas *a priori*, e de uma maneira nítida. Claro, não se escapa à ideologia. Mas submeter-se-lhe é uma decisão inteiramente arbitrária – o facto

---

([23]) Cf. S. J. Gould, *La mal-mesure de l'homme, op. cit.*, e, do mesmo autor, o capítulo "Politique et progrès", in *Le sourire du flamant rose*, Paris, Editions du Seuil, 1988 [1ª ed.: 1985]; P. Thuillier, *Les biologistes vont-ils prendre le pouvoir?, op. cit.*

de ser sempre difícil combater uma ideologia dominante é outra questão. O que interessa aqui é que os cientistas têm sido sempre livres de dizer que a ideia de escala dos seres é, em si mesma, arbitrária. Afirmar, como Darwin o fez fundamentando-se em Galton, que «(...) a média do poder mental no homem deve exceder a da mulher»([24]), é absolutamente arbitrário, e nem mais nem menos ideológico do que afirmar a igualdade das potencialidades intelectuais dos dois sexos. De facto, considerar que a ideologia encerra um peso tal que esmaga o pensamento científico recorda a ideia, muitas vezes adiantada pelos políticos para justificar as suas decisões, quando afirmam que «não podiam agir de outra forma». Ora, justamente, pode-se sempre «agir de outra forma»; é a própria essência da política e é também o que caracteriza a liberdade humana. Neste campo, o que conta não é que seja muito difícil, mas que seja sempre possível. A prova é que, numa época em que os especialistas em antropologia física passavam o tempo a medir os crânios para descobrir desigualdades entre as raças e entre os sexos, outros pensadores – médicos como Cruveilhier, filósofos como Marx e Engels, geógrafos como Friedrich Ratzel (1844-1904) ou Élysée Reclus (1830-1905), contestavam estas opções arbitrárias. A questão das relações entre ciência e ideologia conduz assim a um paradoxo e à verificação de uma necessidade. O paradoxo reside no facto de que a ideologia marca necessariamente a elaboração científica, mas que é sempre possível se não libertar-se dela, pelo menos contestá-la. O que faz surgir a necessidade para os historiadores das ciências de examinarem com atenção o momento e as condições em que os eruditos exercem, ou não, esta liberdade: é precisamente aí que o pensamento humano realiza progresso, ou não. Como vamos ver, esta questão atravessa igualmente, de lado a lado, as relações entre a ciência e a política.

III. Os aliciantes políticos em história das ciências

No decurso da história, houve interferências de determinados aliciantes políticos e da investigação científica. Quando se aborda

---

([24]) C. Darwin, *La Descendance de l'homme, op. cit.,* p. 354.

esta questão, deparamo-nos inevitavelmente com o processo de Galileu e com a famosa "questão Lyssenko". Para além das diferenças de época, de circunstâncias e de "razões de estado", estes dois dramas marcaram, cada um à sua maneira, a história atormentada do pensamento humano. Apresentam, contudo, um ponto em comum: em ambos os casos, a verdade científica sofreu contestação por parte de um dogma, não triunfou de imediato. A ideia da força da verdade, a ideia de que a verdade «se impõe por si própria», está profundamente arraigada no público. Pura ilusão. Tal como o mito da independência da ciência, duramente maltratada pelo Santo Ofício em 1616 e pela direcção do partido comunista da União Soviética, em 1948. Para além disso e naquilo que respeita ao período contemporâneo, a crítica destes dois mitos convida-nos a meditar no peso esmagador do elemento político [25] na elaboração da ciência, nos países em que existe uma investigação científica organizada. Nos casos que se seguem, a evocação dos factos – muito conhecidos em ambos os casos – será reduzida ao mínimo necessário para a compreensão do comentário. Assim, na questão Galileu, os pontos do processo, apesar de tudo muitas vezes significativos – como a denúncia [26] de 7 de Fevereiro de 1615 – serão deixados de lado.

1. O sentido do processo de Galileu. — O dramaturgo alemão Bertolt Brecht (1898-1956) mostrou de forma fascinante em *A vida de Galileu* [27], o peso dos dogmas e a utilização política que deles se pode fazer. Com efeito, o cardeal Belarmino sabia que Galileu e

---

[25] A história das relações entre a produção científica e o seu financiamento militar-industrial nos países "desenvolvidos" não se encontra muito aprofundada; adivinha-se porquê.

[26] O processo que culminava numa citação perante o tribunal do Santo Ofício devia iniciar-se por uma denúncia oficial e regulamentar; foi o caso de Giordano Bruno (1548-1600), queimado vivo por instigação do cardeal Roberto Belarmino; quanto à denúncia de Galileu, foi suscitada pela Inquisição [cf. Émile Namer, *L'Affaire Galilée,* Paris, Gallimard/Juillard, col. "Archives", 1975].

[27] Peça escrita em 1938-1939, durante o exílio de Brecht na Dinamarca, quando acabava de ser conhecida a notícia da fissão do átomo de urânio por Otto Hahn e seus colaboradores.

Copérnico tinham razão no plano ontológico, ou seja, contra o prefácio de Osiandro ([28]). Mas demonstrar, como fez Galileu, que a Terra gravita em redor do Sol, ou seja, quebrar o dogma escolástico da Terra-centro do mundo, não só enfraquecia a autoridade da Igreja e, através dela, a ideia da omnipotência de Deus, mas abria também o caminho a outras contestações. Por exemplo, a dos quadros conceptuais medievais, em que a observação e a experimentação não eram consideradas essenciais; uma outra, correlativa, da necessária crítica aos dogmas; e, para além disso, a das ordens estabelecidas – particularmente, a que era estruturada pela posição central e dominante dos poderosos na vida social, em redor dos quais *gravitavam* os humildes:

> Quando o seu "Faça-se" o Todo-Poderoso proferiu,
> Junto de si o Sol chamou e lhe ordenou,
> Como a servo obediente, um luzeiro transportar
> Em volta da Terra, para a iluminar;
> Mais ordenou que cada um, dali em diante,
> Girasse em volta de um senhor dominante.([29])

O historiador das ciências tem o direito de contestar o olhar retrospectivo e anacrónico lançado por Brecht sobre a questão de Galileu. Acontece que, a partir de Copérnico, o Santo Ofício tudo fez para impedir que se espalhassem as novas ideias. Sabe-se que Giordano Bruno não estava enformado em racionalidade, mas foi queimado vivo por ter afirmado a infinidade do universo e a pluralidade dos mundos. Da mesma forma, constrangendo Galileu a retractar-se, a Igreja realizou um acto de intervenção política na elaboração da ciência e obstaculou a propagação da verdade. Estamos longe da problemática simplista, na qual se enfrentam a ideologia religiosa e a elaboração de um discurso racional sobre o mundo.

([28])Cf. cap. I, III, 1.

([29]) Canto dos saltimbancos, *in* B. Brecht, *La vie de Galilée,* vol. IV da dramaturgia completa, Editions de l'Arche, 1975, p. 113.

2. A questão Lyssenko. — A 31 de Julho de 1948, o académico soviético Trofim Denisovitch Lyssenko (1898-1976), numa sessão da Academia Lenine das ciências agrícolas da URSS, apresenta um relatório intitulado *Sobre a situação nas Ciências Biológicas* [30]. Trata-se de um ataque em regra contra a genética clássica: «Os representantes da biologia reaccionária, quer se chamem neodarwinistas, weismanianos ou, o que vem a dar no mesmo, mendeliano-morganistas, defendem aquilo que se designa por teoria cromossómica da hereditariedade (...). De acordo com esta teoria, as propriedades adquiridas pelos organismos animais e vegetais não podem transmitir-se às gerações seguintes, não podem transmitir-se hereditariamente»([31]). Lyssenko era apoiado por Estaline (1879-1953). Assim, durante três décadas, a genética mendeliana foi mantida adormecida na URSS; e numerosos cientistas de elevada craveira foram afastados, presos ou suprimidos pelo aparelho soviético ([32]).

Existia uma continuidade "teórica" entre a adaptação directa em Lamarck e a «educação das plantas com hereditariedade abalada», preconizada pelo horticultor Yvan Mitchurine (1855-1935), em que Lyssenko se apoiava. Tudo partia da observação segundo a qual, se se mantiverem grãos húmidos de trigo do outono, a uma temperatura relativamente baixa, durante um certo tempo, é possível semeá-los na primavera. Trata-se do princípio da "vernalização" [33]. Foi nesta base que Lyssenko pretendeu ter descoberto a possibilidade de criar novas espécies.

---

[30] T. D. Lyssenko, *Sur la situation dans la science biologique,* Moscovo, Edições em línguas estrangeiras, 1953.

[31] *Ibid.,* p. 537-538.

[32] A fim de evitar as obras rancorosas e superficiais sobre esta tragédia, pode ler-se com proveito o estudo de Dominique Lecourt intitulado: *Lyssenko, histoire réelle "science prolétarienne",* Paris, Maspéro, 1976. Esta obra foi reeditada em 1995, com uma importante advertência da nova edição [Paris, PUF, col. "Quadrige"].

[33] Do latim *vernalis,* de *ver,* "primavera".

O académico soviético defendia, pois, abertamente a adaptação directa lamarckiana: com efeito, não só esta não entrava em dissonância "ética" com a interpretação estalinista da filosofia marxista, mas parecia mesmo fornecer-lhe fundamentos científicos: «(...) as teses bem conhecidas do lamarckismo, que admitem o papel activo das condições do meio exterior na formação do corpo vivo e a hereditariedade das propriedades adquiridas, ao invés da metafísica do neodarwinismo (do weismanismo), longe de serem erróneas, são pelo contrário absolutamente justas e perfeitamente científicas»[34]. Percebe-se a analogia simplista com a ideia de que o que é herdado é imoral, face aos esforços realizados no decurso da vida. Mais profundamente, «(...) o reconhecimento da acção determinante do meio tem um alcance político e social, autoriza a acção ilimitada do homem sobre si próprio por intermédio do meio. Ela justifica a esperança de uma renovação experimental da natureza humana»[35].

3. A obrigação de recordar, em história das ciências. — Este ponto teve grande peso em França, especialmente no decurso da "guerra fria": ao longo da década de 50, foram publicados e largamente difundidos pela "Associação dos amigos de Mitchurine" «guias mitchurinianos de experimentação camponesa», que faziam o elogio insistente de Lyssenko. Podia assim ler-se no boletim de Fevereiro de 1952, a seguinte citação introdutória: «Pode transformar-se a natureza das plantas, pode abalar-se a sua hereditariedade, no sentido desejado pelo experimentador (Lyssenko)»[36]. Resta acrescentar que,

---

[34] T. D. Lyssenko, Sobre a situação na ciência biológica, in *Agrobiologie, génétique, sélection et production des semences, op. cit.,* p. 538.

[35] G. Canguilhem, "O ser vivo e o seu meio", in *La connaissance de la vie*, Paris, J. Vrin, 2ª ed. 1965 [1ª ed.: 1952].

[36] Um certo número de cientistas e outros intelectuais franceses, principalmente comunistas, como Laurent Casanova, Francis Cohen, Jean-Toussaint Desanti, Raymond Guyot ou Gérard Vassails, defenderam as teses lyssenkistas ao longo da década de 50, através da distinção então estabelecida entre "ciência burguesa" e "ciência proletária". Por seu lado, Louis Aragon (1897-1982), inclinou-se de forma explícita para as teses lyssenkistas "oficiais".

HISTÓRIA DAS CIÊNCIAS, IDEOLOGIA E POLÍTICA

no decurso deste período, muitos cientistas perderam a sua liberdade ou a sua vida, em nome de uma pretensa "verdadeira" ciência; e isto por motivos rigorosamente políticos. Uma das obrigações dos historiadores das ciências é contribuir para não deixar morrer a recordação desses e, mais genericamente, de todos os cientistas que, no passado, tiveram a coragem insensata de pôr a verdade à frente das razões de estado. A memória é uma arma necessária contra o ressurgimento da barbárie.

Quanto ao biólogo e pioneiro da biocenótica, Marcel Prenant – antigo chefe das FTP e na altura membro do comité central do PCF – Dominique Lecourt presta-lhe homenagem, recordando que foi para ele um ponto de honra «(...) recusar até ao fim a escolha impossível que pretendiam impor-lhe, entre as suas convicções políticas e as suas convicções científicas» (D. Lecourt, *Lyssenko*, 1995, *op. cit.*, p. 30).

V

A HISTÓRIA DAS CIÊNCIAS E A HISTÓRIA DAS TÉCNICAS

I. Relações entre as ciências e as técnicas

A história das técnicas faz figura de parente pobre da história das ciências. Como vamos ver, a distinção entre ciência e técnica é mais delicada de estabelecer do que parece; e esta dificuldade não é recente, como por vezes se acredita, face aos últimos desenvolvimentos da tecnologia moderna. A história das técnicas apenas será aqui apresentada nos aspectos teóricos das suas relações com a história das ciências.

1. Definições. — Recordemos a distinção tradicional entre técnica e ciência – ficando entendido que há sempre qualquer coisa de novo a dizer sobre determinadas distinções conceptuais demasiado acentuadas e sobre as definições que se seguem: a "ciência" é um conhecimento discursivo; estabelece relações universais e necessárias entre os objectos de uma linguagem (lógica formal, matemática), entre os fenómenos físicos (ciências físicas, ciências naturais) – e neste caso, permite a previsão – ou entre os factos humanos (ciências humanas).

A técnica (do grego *technikos,* de *techne,* "arte") é um saber prático, por oposição à ciência, que é considerada um saber teórico *(episteme)* (¹). A técnica é «(...) um conjunto de operações visando satisfazer necessidades»(²). Na origem, na Antiguidade, a essência das técnicas é *transformar*: a natureza (pela agricultura, pela criação de gado, pela olaria), ou o corpo (pela medicina e pela ginástica). Continua a ser verdade, mesmo se, actualmente, muitas técnicas aparecem primeiro como meios de acelerar processos complexos: é o caso da informática. Note-se que uma técnica pode ser "uma operação intelectual" (³), como o atesta a existência de uma "arte" (no sentido de técnica) da eloquência: a retórica.

Considera-se geralmente que as técnicas anteciparam a ciência: criaram-se "raças" domésticas por cruzamento e selecção artificial, muito antes de Darwin ter descoberto os mecanismos do transformismo e Mendel as leis fundamentais da genética. Isto é igualmente verdade nas ciências físicas: já se sabia disparar um canhão com relativa precisão, muito antes de Galileu e Descartes terem formulado as leis da queda dos graves. Tal como escreveu o historiador francês das técnicas Maurice Daumas: «As máquinas a vapor já funcionavam há cerca de 70 anos, quando se tentou elaborar a sua teoria (...). Da mesma forma, a construção das máquinas-ferramentas precedeu os trabalhos teóricos dos mecânicos do século XIX, o fabrico de ácidos minerais precedeu, de forma idêntica, o sistema químico de Lavoisier»(⁴).

Parece que o afastamento entre as ciências e as técnicas contemporâneas tende a reduzir-se, como o atesta a utilização da linguagem,

---

(¹) Cf. M.-C. Bartholy e P. Acot, *Philosophie, épistémologie, précis de vocabulaire,* Paris, Magnard, 1976.

(²) M.-C. Bartholy, J.-P. Despin, G. Grandpierre, *La science, épistémologie générale,* Paris, Magnard, 1978, p. 71.

(³) *Ibid.*

(⁴) M. Daumas (ed.), *Histoire générale des Techniques,* Paris, PUF, 5 vol., 1962-1979 [reed.1996], Prefácio geral, p. xi-xii.

A HISTÓRIA DAS CIÊNCIAS E A HISTÓRIA DAS TÉCNICAS

por exemplo, aquela que aproxima os dois universos, designando-os por ciências "fundamentais" e ciências "aplicadas"; ou a que reserva a palavra "tecnologia" ([5]) para técnicas consideradas muito complicadas (como a miniaturização dos computadores), de preferência à disciplina cujo objecto de estudo seria a própria técnica (com as máquinas e materiais que lhe estão ligados). É um facto que se torna difícil distinguir com pertinência o "fundamental", o "aplicado" e o "tecnológico", em sistemas tão complexos como os aceleradores de partículas ou os reactores de neutrões acelerados, por exemplo. Mas, seja como for, no termo desta evolução tendencial, a história ensina-nos que as relações entre as ciências e as técnicas nunca foram unilaterais ([6]): as técnicas fizeram progredir as ciências, tal como as ciências fizeram progredir as técnicas; e, em numerosos casos, os dois movimentos reforçaram-se mutuamente.

2. A técnica faz progredir a ciência. — O exemplo emblemático da influência da técnica sobre o desenvolvimento da ciência é a utilização por Galileu da luneta que tem o seu nome, inventada nos Países Baixos, em finais do século XVI. Sobre a luneta holandesa, Galileu apenas dispunha de algumas informações sucintas, fornecidas pelo seu amigo francês Jacques Baudouère (*c.*1575-*c.*1620). Tratava-se de associar duas lentes, uma convergente (como objectiva), outra divergente (como ocular) em dois tubos corrediços. Galileu conseguiu aperfeiçoar a luneta fabricada pelos artesãos holandeses. Em seguida, serviu-se da sua própria criação para observar o firmamento, não sem antes a apresentar aos notáveis de Veneza, em Agosto de 1609. Sabe-se que as suas descobertas subverteram a astronomia: montanhas

---

([5]) O termo *High-tech,* introduzido há pouco tempo na língua francesa (!), vem conferir uma certa dignidade a determinadas tecnologias americano-nipo-taiwanesas: uma central nuclear, um Concorde ou um TGV, não são *high-tech;* um computador que se torna obsoleto dentro de seis meses ou um *interface* gráfico vendido em todo o mundo com 600 erros de programação são *high-tech.*

([6]) Como vimos nos capítulos precedentes, muitas vezes foram mesmo dissociadas até ao Renascimento.

lunares, fases de Vénus, satélites de Júpiter – que designa como "planetas medicianos", em homenagem ao seu protector, o jovem Cosme II de Médicis (1590-1621) – e resolução da Via Láctea em estrelas fixas. Só na espada e na bainha da constelação de Oríon, descobriu 80 estrelas, enquanto a olho nu apenas se conseguem contar sete. Estas descobertas, mais importantes e numerosas em alguns meses do que durante os dois milénios precedentes, modificaram o olhar que nessa altura se lançava sobre o mundo, à semelhança da descoberta do Novo Mundo, pouco mais de um século antes ([7]).

A história das ciências está balizada com exemplos semelhantes: o nascimento, e depois o desenvolvimento, da microbiologia no século XIX, estiveram relacionados com o aperfeiçoamento do microscópio. Da mesma maneira, a virologia actual ficou a dever muito ao aperfeiçoamento do microscópio electrónico. Aliás, os historiadores das ciências e das técnicas enriquecem regularmente os conhecimentos sobre este tema: assim, chamando a atenção sobre os instrumentos levados por Alexandre de Humboldt para as "regiões equinociais", em 1799, a historiadora Marie-Hélène Bourguet mostrou recentemente o papel fundamental que esses instrumentos tiveram no desenvolvimento da "geografia das plantas" ([8]) e, de forma genérica, na obra científica do grande sábio prussiano.

3. A ciência faz progredir a técnica. — O papel motor da actividade científica no desenvolvimento das técnicas é intuitivamente mais evidente. Embora insistam sempre na anterioridade das técnicas – desde logo captadas como práticas empíricas – os historiadores não negam de forma alguma o papel motor da ciência. Todavia, Maurice Daumas observou que o contributo da ciência não começa a manifes-

---

([7]) Cf. *infra*, II: "Técnicas e instrumentos científicos", para algumas observações sobre o facto de que a elaboração teórica é indispensável à utilização dos instrumentos.

([8]) Cf. Marie-Noëlle Bourguet, "A república dos instrumentos. Viagem, medição e ciência da Natureza em Alexandre de Humboldt", *Marianne-Germania, les transferts culturels France-Allemagne et leur contexte européen, 1789-1914*, II, Leipzig, Universitätverlag, 1998, p. 405-435.

A HISTÓRIA DAS CIÊNCIAS E A HISTÓRIA DAS TÉCNICAS

tar-se de maneira nitidamente perceptível antes de finais do século XVI: «(...) o exemplo mais claro é a aplicação à regulação dos relógios do isocronismo das oscilações pendulares, feita por Huygens »([9]). Este isocronismo tinha sido descoberto por Galileu. Mas tratou-se de um exemplo isolado; e foi necessário aguardar, sempre segundo Maurice Daumas, pelos meados do século XIX para que as coisas se alterassem.

De facto, desde finais do século XIX, as relações entre técnica e ciência em numerosos domínios parecem inverter-se. Assim, todas as tecnologias ligadas à electrónica, incluindo a dos *lasers* e da óptica electrónica, tornaram-se possíveis graças ao nascimento e aos progressos da física quântica, cujos fundamentos foram lançados pelo físico alemão Max Planck (1858-1947), em 1900. Como princípio, o microscópio electrónico utiliza as propriedades ondulatórias dos electrões acelerados; a rectaguarda teórica desta utilização é constituída pelos trabalhos de Max Planck e de Louis de Broglie (1892--1987).

De forma absolutamente comparável, não existe hoje nenhum domínio da indústria nuclear, seja ele militar ou civil, que não tenha derivado – e isto sem o intermediário de uma técnica que a tivesse antecipado – da teoria atómica, desenvolvida desde o início do século. Esta foi inicialmente marcada pelos trabalhos de Ernest Rutherford (1871-1937) sobre a estrutura do núcleo atómico. A física atómica encontra-se intrinsecamente ligada à mecânica quântica (Niels Bohr [1885-1962], Werner Heisenberg, Paul Dirac [1902-1984], Erwin Schrödinger [1887-1961], Max Born [1882-1970] e Louis de Broglie). Assim, a profunda identidade da tecnologia do século XX – electrónica e nuclear – está ligada aos progressos estritamente teóricos na sua origem ([10]).

([9]) M. Daumas, *Histoire générale des techniques*, op. cit., p. xi.

([10]) Sobre a mecânica quântica, a sua história e os problemas filosóficos que levanta: cf. M. Bitbol, *Mécanique quantique: une introduction philosophique*, Paris, Flammarion, col. "Champs", 1997; e, do mesmo autor: *L'aveuglante proximité du réel, réalisme et quasi réalisme en physique*, Paris, Flammarion, col. "Champs", 1998.

No entanto, a separação entre as ciências e as técnicas parece reduzir-se. Existem já domínios em que se torna difícil traçar uma fronteira: assim, como qualificar o aperfeiçoamento das "técnicas" de recorte enzimático de sequências do ADN? As "biotecnologias" relevam da ciência ou da tecnologia? Do "fundamental" ou do "aplicado"? A construção da palavra sugere a segunda eventualidade; mas não resultam elas directamente da genética molecular, ramo da biologia hipercientífica, se assim se pode dizer?

O historiador das ciências não está preocupado – no plano disciplinar – com o futuro desta evolução, hoje tendencial. Em contrapartida, é muitas vezes interessante, em história, aventurar-se até às fronteiras. Pode, assim, descobrir-se que elas não estão tão bem definidas como até então se julgava. A aproximação entre ciência e técnica talvez tenha começado muito mais cedo do que tradicionalmente se pensava. [11]

4. A guerra acarreta o progresso das ciências e das técnicas... — A importância científica dos aceleradores de partículas, no desenvolvimento da física teórica e da cosmologia, não precisa de ser demonstrada. Mas os seus custos astronómicos levantam outro problema: as pesquisas de carácter experimental, através das aplicações, os efeitos secundários que se aguardam e que, frequentemente, são de carácter militar. Não se evoca gratuitamente este aspecto, pelo simples prazer de denunciar a dimensão militar-industrial da investigação. No entanto, é essencial tomá-lo em linha de conta, se se quiser entender a articulação entre a ciência e a técnica. A luneta de Galileu interessava já os militares, que apreciavam a possibilidade que lhes era oferecida de serem os primeiros a conseguir ver um objectivo. Esta história tem o valor de um símbolo. Se actualmente deixou de ser possível compreender as

---

[11] Cf. sobre este ponto, P. Thuillier, *D'Archimède à Einstein, les faces cachées de l'invention scientifique,* Paris, Fayard, 1988; tal como, do mesmo autor, *L'Aventure industrielle et ses mythes, savoirs, techniques et mentalités,* Bruxelas, Editions Complexe, 1982.

políticas da investigação, nos países ditos "desenvolvidos", sem ter em conta o complexo militar-industrial, também é verdade que, ao longo da história, embora sob formas se não enfraquecidas pelo menos diferentes, sempre houve relações dificilmente dissociáveis entre os interesses industriais e as exigências dos poderes militares, o desenvolvimento das técnicas e o progresso científico. O sociólogo e historiador das técnicas Lewis Mumford (1895-1990) mostrou, assim, que a guerra e a invenção sempre têm andado a par, desde os espelhos incendiários de Arquimedes (287-212)([12]) «(...) é antiquíssima a associação entre o soldado, o mineiro, o técnico e o sábio. Considerar os horrores da guerra moderna como resultado acidental de uma evolução técnica inocente e pacífica, seria esquecer os factos elementares da história da máquina»[13]. Pode acrescentar-se, a título de exemplo recente, que a história dos inícios da informática não poderia entender-se sem abordar certos aliciantes militares da questão, incluindo o desenvolvimento nuclear militar nos Estados Unidos, a partir de 1943.

5. O caso dos inícios da informática. — Efectivamente, o nascimento e os primeiros desenvolvimentos da informática representam um exemplo típico da estreita imbricação do científico, do técnico e do militar que, de acordo com os peritos do SIPRI ([14]), caracteriza actualmente uma parte importante das pesquisas tecno--científicas ([15]).

([12]) Cf. L. Mumford, *Technique et civilisation,* Paris, Editions du Seuil, 1950 [1ª ed. norte-americana: 1930, reed. em 1946]. Que Arquimedes tenha ou não incendiado à distância as galeras romanas, no cerco de Siracusa, em 214 antes da nossa era, nada altera quanto à questão de fundo.

([13]) L. Mumford, *Technique et civilisation, op. cit.,* p. 85.

([14]) O SIPRI – Stockolm International Peace Research Institute – é um organismo independente desde 1966. Foi fundado em 1964 por iniciativa do Primeiro-ministro na altura, Tage Erlander. É subsidiado pelo governo sueco. O seu endereço na *Internet* é: <http://www.sipri.se/>.

([15]) Ainda que esta parte dificilmente seja mensurável, devido à complexidade e não transparência dos financiamentos da investigação.

As primeiras calculadoras de engrenagens apareceram no início do século XIX, quando se construíram máquinas bastante precisas para fabricar as rodas dentadas. A partir de 1822, um matemático formado pela universidade de Cambridge, chamado Charles Babbage (1791-1871), lançou-se em vários projectos de máquinas, capazes de efectuar operações matemáticas. Os projectos fracassaram, mas, em 1833, Babbage empreendeu a concepção de uma máquina "universal", programável com a ajuda de cartões perfurados, como os que operavam os teares da época. Esta máquina não chegou a ver a luz do dia, mas considera-se que a sua concepção, assim como os esboços de programas elaborados pela autodidacta no campo da matemática, Augusta Ada King (1815-1852)([16]), para a fazer funcionar, situam-na nas origens remotas dos modernos computadores ([17]).

Em 1936, o matemático e engenheiro inglês Alan Mathison Turing (1912-1954) idealizou um modelo abstracto dos computadores, que começaram a ser realizados a partir de 1943: a "máquina de Turing". Tratava-se da estrutura lógica de uma máquina, realizada "no papel", potencialmente capaz de resolver aquilo a que se chama o problema da "decisão", ao qual se encontra ligado o nome do matemático alemão David Hilbert (1862-1943), «(...) decifrando toda e qualquer asserção matemática que lhe fosse apresentada, para decidir se era demonstrável ou não»([18]). A máquina de Turing provou que tal era impossível, mas permitiu também imaginar a construção de uma máquina capaz de efectuar o trabalho de um calculador humano. Estas máquinas imaginadas eram literalmente *definidas* por "tabelas de funcionamento", aparentadas com programas simples.

Foi sobre bases teóricas análogas que o matemático alemão de origem húngara Johann von Neumann (1903-1957), naturalizado

---

([32]) Condessa de Lovelace, filha legítima de Lorde Byron.

([32]) No respeitante às origens mais remotas desta questão: cf. Jean-Pierre Séris, *Langages et machines à l'âge classique*, Paris, Hachette, 1995.

([32]) A. Hodges, *Alan Turing ou l'énigme de l'intelligence*, Paris, Payot, 1988 [1ª ed.: 1983], p. 92.

norte-americano com o nome de John von Neumann, imaginou o primeiro computador moderno[19]. Já existiam diversos tipos de calculadoras eléctricas e calculadores electrónicos de lâmpadas, como o Colossus inglês, construído em 1943, e o ENIAC ([20]), construído em 1945, na Universidade da Pensilvânia, nos Estados Unidos. No entanto, era necessário modificar os circuitos eléctricos destas máquinas a cada mudança de programa, o que representava um trabalho considerável e demorado. A máquina proposta por von Neumann em 1945 «(...) podia controlar todas as operações que efectuava, com a ajuda de dados cifrados que conservava em memória, o que permitia aos utilizadores conceber programas e introduzi-los no computador, ao mesmo tempo que os dados»[21].

Note-se que o Colossus inglês – que comportava 1 500 lâmpadas – tinha sido concebido e programado muito especialmente para contrariar a máquina alemã de cifra Enigma, objectivo de Alan Turing desde o começo da batalha do Atlântico. Juntamente com a sua equipa, Turing tinha penetrado no código inicial, mas surgiam frequentemente novas variantes e tratava-se de ganhar tempo, nas operações de descodificação [22].

Note-se também que, desde 1937, John von Neumann era conselheiro do Exército norte-americano em matéria balística e que, a partir de 1941, tinha-se dedicado às matemáticas aplicadas, no capítulo de explosões e de aerodinâmica. Em 1943, tinha entrado para o laboratório de Los Alamos, onde se fabricava a primeira bomba "A". Desde Julho de 1944, tornou-se necessário utilizar em Los Alamos meios poderosos de cálculo, como a máquina IBM-Harvard. Mas o ENIAC estava em vias de aperfeiçoamento e iria provocar

---

[19] Existem a este propósito inúmeras querelas de prioridade.

[20] Electronic Numerical Integrator and Computer. O ENIAC media 2,5 metros de altura, sobre 24 de comprimento; continha perto de 18 000 lâmpadas.

[21] A. Penzias, *Intelligence et informatique,* Paris, Plon, 1990 [1ª ed.: 1989], p. 88.

[22] Site na *Internet* consagrado a Alan Turing:< http://www. turing.org.uk/turing/>.

uma revolução no campo dos computadores. Em Los Alamos, von Neumann tinha-se dedicado aos problemas de cálculo numérico sobre a onda de choque da futura explosão. Foi ele quem calculou a altura ideal da explosão da bomba, de forma a que os estragos fossem o mais devastadores possível. Posteriormente, participou no desenvolvimento da bomba "H", cujo fabrico esteve estreitamente dependente do desenvolvimento dos meios de cálculo. O princípio de uma bomba termonuclear reside na implosão([23]) de uma bomba "A", de forma a comprimir deutério líquido a uma pressão e a um calor tais que se desencadeia uma reacção de fusão. O que supõe modelizações numéricas extremamente precisas, a tal ponto as velocidades são altas e as unidades de tempo pequenas (da ordem do nano-segundo). Considera-se hoje que, sem computadores, não teria sido possível fabricar a bomba "H".

Este voo sucinto, reduzido à evocação de três personagens essenciais ([24]), sobre a história longínqua da informação, é, no entanto, suficiente para ilustrar a ideia de partição, segundo a qual o entrosamento dos elementos militar, científico e técnico foi inextricável neste domínio. É conhecida a sequência histórica das relações entre o desenvolvimento dos meios de cálculo e a corrida aos armamentos: sem os poderosos calculadores desenvolvidos nos Estados Unidos e, depois, na URSS, no decurso do após-guerra, os engenhos balísticos e as bombas de hidrogénio não teriam conhecido o desenvolvimento que se sabe – nem o nuclear civil, nem a conquista do espaço. Além do mais, é sabido que aquilo que se designou por "guerra fria" contribuiu para apertar profundamente os laços já estreitos entre a investigação fundamental – incluindo determinados sectores das ciências humanas, as "altas tecnologias" e os complexos industriais militares dos países ditos "desenvolvidos".

([23]) A implosão tornou-se possível graças a uma primeira explosão nuclear, de maneira que o processo de fusão termonuclear é esboçado por uma fissão nuclear "em duas etapas".

([24]) Para sermos menos incompletos, deveríamos ter referido ainda a figura do engenheiro Claude Elwood Shannon, pai da teoria da informação.

II. As técnicas e os instrumentos científicos

1. Os instrumentos materializam as teorias.—O estudo epistemológico dos instrumentos científicos do passado está em pleno desenvolvimento, revestindo-se de um duplo interesse. A sua utilização ou a sua reprodução com finalidades pedagógicas, permitem captar materialmente as condições em que a investigação se efectuou, no passado e, portanto, ajudam o historiador a recolocar-se nas condições da época: nos Estados Unidos, Joan Richards (Brown University) pede aos seus estudantes que construam a luneta de Galileu e o telescópio de Kepler, para poderem avaliar as dificuldades de observação que se deparavam aos astrónomos, nos inícios do século XVII. [25]

Uma segunda razão, fundamental, é que os instrumentos *materializam* as teorias: «(...) a partir do momento em que se passa da observação para a experimentação, o carácter polémico do conhecimento torna-se ainda mais acentuado. É preciso, então, que o fenómeno seja seleccionado, filtrado, depurado, vertido no molde dos instrumentos, fabricado a nível dos instrumentos. Ora, os instrumentos não passam de teorias materializadas. Daí resultam fenómenos portadores, em todos os aspectos, da marca teórica»[26]. Quando Galileu assesta na Lua a sua luneta, é para nela descobrir as provas que virão demonstrar a sua teoria de que o mundo "sublunar" e o mundo "supralunar" são da mesma natureza e se regem pelas mesmas leis. As montanhas do nosso satélite – manifestamente idênticas às da Terra e cuja altura medirá, com base nas sombras projectadas – constituirão uma das confirmações que procurava.

2. Os factores de evolução dos instrumentos. — Os instrumentos científicos estão, evidentemente, dependentes da qualidade dos materiais de que são fabricados e da precisão do seu fabrico. A

---

[25] Cf. *Galilean and Keplerian telescopes:* <http://weber.u.washing-ton.edu/~hssexec/commitee/hss_galileo.html>.

[26] G. Bachelard, *Le nouvel esprit scientifique, op. cit.*, p. 12.

qualidade do vidro e o aperfeiçoamento das técnicas de polimento tiveram papel decisivo no desempenho da luneta e do telescópio. Em matéria de instrumentação científica, este aspecto é bem conhecido. Mas há outros factores de evolução dos instrumentos científicos: a procura social e as exigências dos próprios cientistas.

Vamos examinar brevemente este problema, através da invenção e do desenvolvimento da relojoaria. O problema da medição regular do tempo (quer dizer, igualmente, das velocidades e das posições), foi crucial no plano científico, ao longo de toda a história. É igualmente característico das relações entre a sociedade, as técnicas e a ciência. Lewis Mumford atribui o nascimento e o desenvolvimento desta técnica à estruturação monástica do Ocidente medieval: «O convento era a sede de uma vida regulada. Um instrumento que permitisse marcar as horas a intervalos regulares ou recordar ao frade sineiro que era altura de informar os restantes, seria o produto quase inevitável deste tipo de vida. Embora o relógio mecânico só tenha aparecido quando as cidades do século XIII exigiram uma vida regulada, nos conventos o hábito da ordem em si mesma e a regulamentação séria do tempo tinham-se tornado uma segunda natureza»[27].

Na opinião de Arno Penzias, o mecanismo do relógio de escape teria sido inspirado pelos dispositivos de regulação da rotação dos espetos destinados a grelhar as carnes: «Uma roda dentada, bastante grosseira, montada sobre o espeto, engrenava num pequeno gancho, que aferrava cada um dos dentes da roda, à medida que ela girava. Esta engrenagem era regulada por meio de um pêndulo, cujo movimento desengrenava o gancho para o engrenar no dente seguinte»[28]. É este contínuo engrenar e desengrenar que dá o seu nome ao mecanismo: ele deixava "escapar" um dente, a cada uma das suas oscilações — cujo isocronismo, convém lembrá-lo, fora descoberta por Galileu.

---

[27] L. Mumford, *Technique et civilisation*, op. cit., p. 23

[28] A. Penzias, *Intelligence et informatique*, op. cit., p. 79.

A HISTÓRIA DAS CIÊNCIAS E A HISTÓRIA DAS TÉCNICAS

Pense-se o que se quiser sobre as suas origens conventuais, é evidente que, no início, os primeiros relógios foram fabricados com fins não científicos, simplesmente para satisfazer uma procura social. Outra hipótese classicamente aventada a propósito desta origem – menos pitoresca do que a de Lewis Mumford – é a da emergência de novas exigências ligadas ao aumento regular da produção agrícola, no decurso dos séculos XII e XIII. O desenvolvimento das actividades – hoje designadas por "terciárias" – que se seguiu, tornou necessária, para a organização racional do trabalho, uma medição do tempo emancipada dos ritmos nictemerais ou lunares.

Na história da astronomia, as pesquisas sobre a precisão das medições angulares e a medição do tempo, receberam novo impulso com a revolução copernicana – cada progresso provocando novas buscas. Assim, foi sobretudo graças à precisão das observações do planeta Marte, efectuadas pelo astrónomo dinamarquês Tycho Brahe (1546-1601) que Kepler estabeleceu a disposição elíptica das órbitas planetárias, até então consideradas circulares. Mas outras pesquisas e outras exigências desempenharam um papel motor no progresso das técnicas de relojoaria. Surgiram num domínio completamente diferente, as práticas da navegação à vela; e tornaram-se possíveis graças a notáveis progressos em matéria de metalurgia de precisão, a partir do século XVII.

No entanto, os cientistas debruçaram-se igualmente sobre o problema. Depois de Newton ter criado, em 1699, o primeiro aparelho de dupla reflexão[29], antepassado dos actuais sextantes, tornou-se relativamente fácil medir a altura do Sol, para determinar a latitude, durante as navegações em alto mar. A imprecisão era de cerca de um minuto de arco, o que corresponde a uma milha marítima. Contudo, o conhecimento da longitude dependia da fiabilidade e da precisão dos cronómetros de bordo, uma vez que a longitude se determina pela diferença entre a hora local e a hora do meridiano inicial, como o de Paris ou o de Greenwich. O problema estava no fabrico de bons

---

[29] Sabemos que se deve poder visar simultaneamente tanto o astro como a linha do horizonte: um sistema de dois espelhos torna esta operação menos incómoda.

"guarda-tempos". No século XVI, utilizavam-se ainda as clepsidras e as ampulhetas. Foi o matemático, físico e astrónomo Christiaan Huygens (1629-1695) quem construiu o primeiro cronómetro digno deste nome, com pêndulo regulado.

A despeito do carácter inevitavelmente esquemático deste exemplo, entrevê-se a complexidade do problema das ligações entre a sociedade, os instrumentos científicos, a técnica e a ciência. Mais uma vez, verificamos que as separações tradicionais são excessivamente simplificadoras: como qualificar as invenções de Huygens e de Newton? Estamos certamente em presença de realizações técnicas, mas fundamentadas sobre um saber que hoje qualificaríamos como "básico"; quanto à procura social, os próprios cientistas a reforçavam desde Copérnico, com as suas próprias exigências de precisão. Assim, a história da instrumentação científica é um ramo da história das ciências mais multifactorial ainda do que a história das técnicas.

VI

OS MESTRES
DA ESCOLA FRANCESA

Apresentar Gaston Bachelard e Georges Canguilhem sob este título não implica, de maneira alguma, que eles sejam considerados pelos historiadores das ciências como os únicos dignos deste qualificativo. Teriam também o seu lugar neste capítulo numerosos autores franceses já anteriormente aqui abordados, tal como os seus importantes sucessores ([1]). A dizer a verdade, o motivo que presidiu a esta escolha baseia-se, em grande parte, no critério da notoriedade internacional. O que significa que tal escolha não está desprovida de arbitrariedade nem de subjectividade. Quanto a decidir se existe verdadeiramente em França uma "Escola" de história das ciências, a questão mantém-se em aberto. No entanto, a tradição filosófica de que estão imbuídos os historiadores das ciências formados em França confere uma certa singularidade aos seus trabalhos, em relação às investigações efectuadas noutros países, particularmente nos países anglo-saxónicos. Sob

---

([1]) Em relação aos primeiros, o formato deste livrinho não o permite; quanto aos segundos, impede-o o facto de estarem ainda em actividade.

diferentes formas (²), Gaston Bachelard, Georges Canguilhem e muitos outros, com eles e após eles, contribuíram para estruturar esta tradição.

I. Uma poética da história das ciências: Gaston Bachelard

1. O filósofo de barba branca. — À força de vermos as fotografias que contribuíram para forjar a lenda, esquecemos que Gaston Bachelard foi jovem. Cabeleira abundante e longa barba branca, em harmonia com um ar de simplicidade e de bondade, vestuário de tecido grosseiro, como as pessoas antigamente usavam na província: eis Gaston Bachelard na lembrança dos que foram seus discípulos e no imaginário daqueles que apenas o conhecem através dos livros. Outro elemento fundador da lenda: este professor universitário foi carteiro. Bachelard, que tanto falou de sonho, também fez sonhar. Foi popular e amado pelo grande público, embora não fosse nem filósofo de salão nem um convidado habitual da televisão.

Como sempre, a lenda mergulha as suas raízes na realidade. Gaston Bachelard nasceu em 1884. Com 18 anos de idade, tornou-se repetidor no colégio de Sézanne, no Marne. De 1903 a 1905, é nomeado "supranumerário dos Correios e Telégrafos em Remiremont" (³). Ao regressar do serviço militar, consegue emprego nos Correios e Telégrafos, em Paris. Durante esse período, prepara uma licenciatura em matemática. Obtém a licenciatura em ciências matemáticas em 1912. Lança-se, de seguida, na preparação do concurso para aluno--engenheiro dos Telégrafos. Em 2 de Agosto de 1914, é mobilizado e cumpre 38 meses na frente. Recebe a Cruz de Guerra, com citação à ordem da Divisão. Em 1919, entra para o ensino secundário como

---

(²) Num importante artigo sobre a filosofia biológica de Georges Canguilhem, o historiador das ciências Jean Gayon recorda que os conceitos de "história epistemológica" e de "epistemologia histórica" – ambos constituídos por Dominique Lecourt – são utilizados para qualificar as abordagens respectivas de Gaston Bachelard e de Georges Canguilhem (cf. J. Gayon, "The Concept of Individuality in Canguilhem's Philosophy of Biology", *Journal of the History of Biology,* 31, 305-325, 1998).

(³) Cf. P. Quillet, *Bachelard,* Paris, Seghers, 1964, p. 4.

professor de Física e Química, na sua cidade natal de Bar-sur-Aube. Obtém uma licenciatura em Filosofia em 1920 e ganha o concurso para agregado em 1922. Faz o doutoramento em Letras em 1927; é nomeado professor de Filosofia na faculdade de letras de Dijon, em 1930. Dez anos mais tarde, obtém a cátedra de História e de Filosofia das Ciências da Sorbona, passando a dirigir, desde então, o Instituto de História das Ciências. Morre a 16 de Outubro de 1962.

2. A psicanálise das imagens poéticas. — «Entrareis na obra de Gaston Bachelard por uma das duas vias que ele nos preparou – conforme penseis ser dotados, como dizem os alunos do ensino secundário, para as letras ou para as ciências —, duas vias estranhamente iguais uma à outra em perfeição e em poder (...)»([4]). Efectivamente, vista de longe, a obra de Gaston Bachelard aparece como que cortada em duas: uma parte, consagrada à "psicanálise das imagens poéticas", outra à história epistemológica das ciências. Diremos algumas palavras sobre a primeira, limitando-nos ao estritamente necessário para esclarecer a segunda, pois esta parte do pensamento bachelardiano não pode ser encerrada em algumas fórmulas.

Vejam-se os títulos das principais obras em que Bachelard se empenha por trazer à luz os significados escondidos, obscuros e profundos das imagens poéticas: *L'air et les songes* [*O ar e os sonhos*], *La terre et les rêveries de la volonté* [*A terra e os sonhos da vontade*], *La terre et les rêveries du repos* [*A terra e os sonhos do repouso*], *La psychanalyse du feu* [*A psicanálise do fogo*], *L'eau et les rêves*, [*A água e os sonhos*], *La poétique de l'espace* [*A poética do espaço*], *La poétique de la rêverie* [*A poética do sonho*], *La Flamme d'une chandelle* [*A chama de uma vela*]. Ele investiga o *significado* da construção das metáforas por meio de elementos materiais simples: «As imagens poéticas têm também elas uma matéria", escreve ele em *L'eau et les rêves*»([5]). E continua, evocando a matéria original

---

([4]) *Ibid.*, p. 5.

([5]) G. Bachelard, *L'eau et les rêves. Essai sur l'imagination de la matière,* Paris, José-Corti, 1942,. p. 4.

(*arkhé*), cujas transformações engendram os fenómenos do universo, nas filosofias pré-socráticas: «Na psicanálise do fogo, propusemo--nos marcar os diferentes tipos de imaginação com o sinal dos elementos materiais que inspiraram os filósofos tradicionais e as cosmologias antigas. Com efeito, julgamos possível fixar, no reino da imaginação, uma lei dos quatro elementos que classifique as diversas imaginações materiais, conforme se ligam ao fogo, ao ar, à água ou à terra»[6].

Não estamos, evidentemente, em presença de uma "psicanálise" no sentido freudiano, com um sujeito e o seu inconsciente, mas antes de uma psicologia "em profundidade": «Para Novalis, a própria Noite é uma matéria que nos transporta, um oceano que embala a nossa vida:"A noite embala-te maternalmente"»[7]. A "psicanálise" bachelardiana é a análise dos arquétipos e dos efeitos provocados sobre o leitor pelo poder das metáforas: «(...) se fizermos uma psico--análise ajudando-nos com poemas, se tomarmos um poema como instrumento de análise para medir o seu eco em diferentes níveis de profundidade, consegue-se, por vezes, reavivar sonhos abolidos, lembranças esquecidas»[8].

Como escreveu Georges Canguilhem: «(...) teríamos alguma desculpa (...) se não nos apercebêssemos, sem qualquer demora na reflexão, que a precisão na operatividade de uma cultura físico--matemática de primeira mão, e a ligeireza na interpretação daquilo que a imaginação humana engendra de mais livre, vivem em boa harmonia sob a mesma frente (...)»[9]. No entanto, o que já aqui foi evocado do pensamento de Gaston Bachelard[10] permite captar a

---

[6] *Ibid.*

[7] *Ibid.*, p. 180.

[8] G. Bachelard, *La Poétique de la rêverie, op. cit.*, p. 108.

[9] G. Canguilhem, "Sur une Epistemologie concordataire", in *Hommage à Gaston Bachelard*, ob. col., Paris, PUF, 1957, p. 3.

[10] Cf. I, III, 3: "Gaston Bachelard".

coerência profunda de ambas as diligências, aparentemente tão afastadas mas, na realidade, tão próximas uma da outra [11].

3. A "psicanálise da razão". — O exergo de *La poétique de la rêverie* faz, aliás, referência a uma noção que releva da epistemologia: «Método, Método, que desejas de mim? Sabes bem que eu comi o fruto da inconsciência»[12]. Obviamente, o método para que este exergo remete é o método fenomenológico, pelo qual se pretende «(...) trazer à plena luz do dia a tomada de consciência de um sujeito maravilhado pelas imagens poéticas»[13]. Mas uma parte essencial do pensamento bachelardiano em matéria de epistemologia está em completa har-monia com esta atitude: a que brotou dos "obstáculos epistemo-lógicos". Encontramo-la em acção em todas as suas obras de história epistemológica.

Em *La formation de l'esprit scientifique* [14], que descreveu como um livro em que tenta «(...) separar as condições do sonho e as condições do pensamento»[15], Bachelard distingue várias categorias de obstáculos epistemológicos. Estes obstáculos não são transparentes à consciência do sujeito. Por conseguinte, à maneira do psicanalista que tenta trazer à consciência do paciente aquilo que permanecia recalcado no inconsciente, o epistemólogo vai tentar trazer à consciência do sujeito cognoscente aquilo que permanecia enterrado em intenções não criticadas. A este propósito, recordemos o subtítulo da obra: *Contribution à une psychanalyse de la connaissance objective.*

---

[11] Em 1970, foi dedicado a Gaston Bachelard um apaixonante colóquio em Cerisy-la--Salle: *Bachelard, Colloque de Cerisy,* col. "10/18", UGE, 1974.

[12] Jules Laforgue (1860-1887), citado por G. Bachelard, in *La Poétique de la rêverie, op. cit.,* p. 1.

[13] *Ibid.*

[14] *Op. cit.*

[15] G. Bachelard, *L'eau et les rêves, op. cit.,* p. 128-129.

Vimos que o primeiro obstáculo retido pelo autor é a experiência primeira ([16]) : «(...) o espírito científico deve formar-se contra a Natureza, contra aquilo que existe em nós e fora de nós, a impulsão e a instrução da Natureza, contra o treino natural, contra o facto colorido e diverso. O espírito científico deve formar-se reformando-se»([17]). Esta experiência primeira é, muitas vezes, fascinante e os seres humanos têm tendência para reter apenas o sensacional. Bachelard descreveu em pormenor estes curiosos do século XVIII – burgueses abastados, clérigos de Corte, aristocratas ignorantes e mundanos – por exemplo, com a sua predilecção pelas experiências espectaculares realizadas com a garrafa de Leyde: «(...) toda a comunidade formou uma linha com 900 toesas de comprimento, cada pessoa ligada à seguinte por um arame... e toda a companhia, quando descarregaram a garrafa, sentiu instantaneamente um estremecimento (...)»([18]). A afectividade, os desejos, até as paixões, cujos testemunhos são a sede de determinados fenómenos impressionantes, dificultam a sua compreensão. É por isso que Bachelard recomenda: «Um educador (...) deverá (...) defender o discípulo contra a massa de afectividade que se concentra sobre determinados fenómenos, simbolizados de forma demasiado rápida e, de alguma forma, *demasiado interessantes*»([19]).

O "conhecimento geral" representa outro obstáculo científico de monta. Trata-se de generalizações efectuadas sobre uma base de analogias não fundamentadas, entre fenómenos que não estão de forma alguma aparentados. Uma conceptualização hábil das semelhanças indevidamente verificadas vem então conferir à pseudo-constatação uma pseudo-cientificidade: foi assim, no século XVIII, com o tema da "coagulação" – quando coalha, o leite *coagula*, como o sangue, etc. Foi também o caso, escreve Bachelard, com o tema da fermentação

---

([16]) Cf. Introdução, III, 1.

([17]) G. Bachelard, *La formation de l'esprit scientifique*, op. cit., p. 23.

([18]) Priestley, citado por G. Bachelard, in *La formation de l'esprit scientifique*, p. 31.

([19]) G. Bachelard, *La formation de l'esprit scientifique*, op. cit., p. 54.

– a tal ponto que o conde de Tressan explica os fenómenos eléctricos por fermentações: «Define fermentações quentes, que produzem uma expansão, e fermentações frias, que dão um *coagulum*. Com uma tal generalização, que engloba os dois contrários, pode desafiar a contradição»([20]). Também aí, Bachelard "psicanalisa" as analogias. A propósito da comparação entre a digestão e a fermentação, sublinha a importância atribuída na época às sobras da última refeição: «Estas sobras funcionam como um autêntico fermento, desempenhando, de uma digestão para a outra, o mesmo papel que a reserva de massa, guardada pela dona de casa no canto da masseira, para transferir de uma cozedura para a outra as virtudes da panificação»([21]). Estas análises, que constituem a riqueza inaudita e a originalidade da obra epistemológica de Gaston Bachelard, não constituem, no entanto, sozinhas, a sua profundidade. Pois, em toda a parte e sempre, Bachelard atinge grandes alturas. Assim, por exemplo, nas generalizações absurdas, que acabam de ser evocadas vê sobretudo a marca nefasta do pseudo-método indutivo de Francis Bacon (1567-1626) – este conceito de ciência «(...) pretendendo que, em primeiro lugar, importa estabelecer factos e compará-los, antes de se poder deduzir uma lei»([22]).

O terceiro grande obstáculo epistemológico ([23]) é também, geralmente, o mais difundido. O "substancialismo" é a ideia de que a sensação proporcionada por um fenómeno provém de uma propriedade "substancial"([24]) oculta desse fenómeno. "A tábua flutua", "a pedra cai", "o âmbar friccionado num pedaço de tecido pode atrair peda-

---

([20]) *Ibid.*, p. 71.

([21]) *Ibid.*, p. 67.

([22]) M.-C. Bartholy, J.-P. Despin, G. Grandpierre, *La science. épistémologie générale*, op. cit., p. 83.

([23]) Quanto ao prazer de descobrir o obstáculo verbal, o animismo, os obstáculos do conhecimento quantitativo, etc., referir-nos-emos ao original.

([24]) Quer dizer, *essencial*, (e não acidental): de acordo com a terminologia aristotélica, o facto de um albatroz prateado pertencer à ordem dos charadriiformes, é uma propriedade substancial; que tenha uma asa partida é uma propriedade "acidental".

cinhos de papel" são enunciados substancialistas. Donde, por exemplo, os conceitos que – sempre no século XVIII – atribuíram ao fluido eléctrico propriedades "glutinosas" [25]. Mais uma vez, depois de ter desvendado o que se oculta debaixo da própria imagem, Bachelard mostra que considerar a electricidade como uma espécie de cola conduz a erros metodológicos que levam o observador «(...) a enveredar por um mau caminho, em que os falsos problemas vão suscitar experiências sem valor, cujo resultado negativo carecerá mesmo do papel de advertência, a tal ponto a imagem primeira é ofuscante»[26].

Este pensamento dos obstáculos epistemológicos, que contribui «(...) para fundamentar os rudimentos de uma psicanálise da razão»[27] é ainda de uma actualidade escaldante em epistemologia. O leitor deixa-se convencer sem dificuldades, ao ouvir na televisão este mago da cosmologia (não faltam por aí) ou aquele zelador da ecologia "biosférica". O pensamento de Gaston Bachelard, como o de Georges Canguilhem que lhe sucedeu, marcou várias gerações de filósofos e de historiadores das ciências. Tudo leva a crer que tal influência ainda não terminou.

II. Georges Canguilhem e o problema do descontínuo [28]

As trajectórias biográficas, por vezes, dificilmente se podem dissociar dos itinerários intelectuais. Georges Canguilhem consagrou uma parte importante dos seus trabalhos ao problema do "normal" e do "patológico". Ora, nesta matéria, é impossível dissociar os seus conceitos da sua epistemologia histórica da descontinuidade e da sua maneira de conceber e praticar a história das ciências. Curiosamente,

---

[25] De *glus, glutis,* "cola".

[26] G. Bachelard, *La formation de l'esprit scientifique, op. cit.,* p. 103.

[27] *Ibid.*

[28] O texto que se segue retoma, de forma condensada, determinados elementos de uma conferência pronunciada no dia 8 de Junho de 1998, por ocasião do XVIII seminário da Sociedade Francesa de Biologia Teórica: "Lugar da patologia em biologia teórica".

determinados aspectos daquilo que o público conhece sobre a sua própria vida evocam também descontinuidade e ruptura.

1. Uma biografia portadora de sentido. — As suas origens foram rurais e modestas. Nasceu no Aude, em 1904, uma região onde a recordação dos cátaros estava ainda bem viva. Segundo o historiador da medicina Claude Debru, talvez esse facto tenha a ver com a sua independência intelectual e o seu espírito de resistência ([29]). Em 1927 – altura em que frequenta a Escola normal superior – reprova intencionalmente no exame final de preparação militar superior, que aí era então ministrada (deixou cair em cima do pé do oficial instrutor o soco da metralhadora que tinha de desmontar!). Previamente, já tinha publicado, no jornal da Escola, juntamente com Jean-Paul Sartre (1905-1980) em particular, vários artigos contra esta formação militar. Por isso, cumprirá o serviço militar como soldado raso. No mesmo ano, consegue o segundo lugar para agregado em Filosofia – o matemático Jean Cavaillès (1903-1944), mais tarde fuzilado pelos Alemães, conseguirá o quarto lugar. Numa entrevista comovente e apaixonada, concedida a François Bing e Jean-François Braunstein, Georges Canguilhem evoca a sua promoção, comentando uma fotografia: «Estamos em 27. Aí está o pessoal todo. Vejam, Canguilhem com a pata estendida. Atrás, Broussadier. E ali, Maheu, que foi director da Unesco. Nizan! Aron! Sartre! Renouard! Cartan! Dieudonné! Que tal, a matemática a dominar, hein? Quem é que temos ainda? Lagache! E Iankelevitch, onde está? Deve estar por aí...»([30])

À saída da Escola, é nomeado professor de Filosofia no liceu de Charleville. Em 1932, é colocado no liceu de Douai e, em 1933, no de Valenciennes. Continua a ser antimilitarista e pacifista, mas a ascensão do nazismo leva-o a afastar-se do pacifismo a partir de 1934.

([29]) C. Debru, "Georges Canguilhem. In memoriam", *Bulletin d'histoire et d'épistémologie des sciences de la vie,* vol. 2, nº 1, 1995, p. 3.

([30]) F. Bing, J.-F. Braunstein, E. Roudinesco (ed.), *Actualités de Georges Canguilhem, le normal et le pathologique,* Paris, Instituto Synthélabo para o Progresso do Conhecimento, 1998, p. 135.

Toma consciência de que «é impossível pactuar com Hitler». Em 1935, é nomeado para Béziers e torna-se muito activo no seio da comissão de vigilância dos intelectuais antifascistas. Em 1936, consegue o lugar de professor de *khâgne* (preparatórios para a Escola normal superior) em Toulouse e inicia os estudos de medicina, ao mesmo tempo que continuava a ensinar!

Em 1940, abandona o liceu de Toulouse, escrevendo ao reitor da Academia: «Não fui aprovado na agregação em Filosofia para passar o resto da minha vida a ensinar "Trabalho, Família, Pátria"» Em 1941, Jean Cavaillès, que leccionava na universidade de Estrasburgo, retirado em Clermont-Ferrand, é nomeado para a Sorbona e propõe a Canguilhem que o substitua. Ele aceita. Redige então, juntamente com Emmanuel d'Astier de La Vigerie, um dos primeiros cartazes da resistência, intitulado *Libération*. A sua tese de medicina, defendida em 1943, intitula-se: "Ensaio sobre alguns problemas referentes ao normal e ao patológico"([31]). Publicará, em seguida, diversos estudos sobre este tema, por várias vezes reeditados e traduzidos.

Em Novembro de 1943, a Gestapo ataca a universidade. Dois professores são assassinados e numerosos estudantes deportados. Canguilhem consegue escapar e refugia-se na clandestinidade. Assume, então, responsabilidades importantes na direcção unificada dos movimentos de resistência no Auvergne. Em Junho de 1944, participa na batalha de Mont-Mouchet, a sul de Clermont-Ferrand. Cria ali um hospital de campanha, cuja evacuação organiza, quando da ofensiva inimiga.

Depois da libertação, recusa o lugar de inspector geral de filosofia que lhe era proposto, retomando o lugar na universidade de Estrasburgo. No entanto, acaba por ser inspector geral de filosofia entre 1948 e 1955. Em 1955, sucede a Gaston Bachelard como professor de Filosofia na Sorbona e como director do Instituto de história das ciências e das técnicas da universidade de Paris, lugar que ocupa até à sua aposentação, em 1971. Em 1993, recebeu a medalha de ouro do CNRS (Centro Nacional de Investigação Científica).

([31]) Cf. *infra*.

Este pensador do normal e do patológico foi, durante a sua vida, ao mesmo tempo um revoltado e um rebelde, em seguida um resistente – em todo o caso, um ser fora das normas, um universitário reconhecido, que exerceu o seu poder na instituição (como inspector geral e como presidente do júri da agregação em Filosofia). A sua biografia é, efectivamente, portadora de sentido, como se o seu interesse pelo patológico e pelo normal se enraízasse numa vida complexa e contraditória, feita ela própria, por sua vez, de desvios à "normalidade". A biografia de Georges Canguilhem põe em evidência que, para ele, não existiu continuidade entre a resistência, a rebelião e a vida universitária perfeitamente clássica. Não se desliza *gradualmente* da universidade para a clandestinidade.

2. Uma epistemologia histórica das rupturas. — O seu pensamento da descontinuidade em história e a sua tese da descontinuidade do normal e do patológico estão de acordo com esta descontinuidade biográfica. Vimos como o seu conceito de história das ciências está assinalado pela problemática da ruptura. Gaston Bachelard tinha aberto o caminho, com o conceito de "corte epistemológico". Com a noção de "ideologia científica", Georges Canguilhem especifica a natureza da descontinuidade entre o pré--científico e o científico. Vimos que ela é, literalmente, desequilibrada: a ciência encontra algo diferente daquilo que oferecia às buscas da ideologia.

Assim, Gregor Mendel (1822-1884) não resolve os problemas colocados pelo matemático Maupertuis (1698-1759) na sua *Vénus physique,* quando tentava explicar o que hoje designamos por genética, através da suposição de "átomos seminais" conjugados no momento da cópula, procurando descortinar se determinada frequência de uma anomalia numa família era ou não fortuita. Maupertuis procurava «(...) encontrar soluções para problemas jurídicos de subordinação dos sexos, de paternidade, de pureza de linhagens, de legitimidade da aristocracia». Canguilhem diz explicitamente: «Mendel não se interessa nem pela sexualidade, nem pela querela do inato e do adquirido, da pré-formação e da epigénese, apenas lhe interessa, graças ao cálculo das combinações, verificar as consequências da sua hipótese»([32]).

Estamos em presença de um pensamento da descontinuidade, mas de uma descontinuidade que poderíamos figurar mais por uma linha quebrada do que por uma interrupção. Canguilhem escreveu que a ideologia é uma crença vesga do lado da ciência. Esta suposição atravessa toda a sua obra. Descobre descontinuidades sob a forma de diferenças de natureza, onde nós seríamos tentados a captar continuidades ou variações contínuas, sob forma de diferenças de grau. Não é, pois, surpreendente – retrospectivamente – que instale também uma descontinuidade nítida entre o normal e o patológico. A primeira parte da sua tese de medicina (1943) aborda expressamente este problema: «O estado patológico não será apenas uma modificação quantitativa do estado normal?»

3. Os conceitos continuistas do "normal" e do "patológico".

Na história da medicina, encontram-se neste campo conceitos "continuistas" (em que as transições são regulares, realizando-se através de variações graduais) e conceitos "ontológicos" (em que a passagem entre os termos opostos se efectua sob a forma de rupturas, separando seres radicalmente diferentes). Na sua tese, Georges Canguilhem debruçou-se sobre os três grandes paladinos do primeiro conceito: François Broussais (1772-1838), Auguste Comte e Claude Bernard (1813-1878).

Claude Bernard é um continuísta. Quando, nos seus *Principes de Médecine expérimentale,* declara que a definição de doença esgotou os definidores, não o diz para ser engraçado. Nele, a passagem da saúde à doença representa evidentemente uma ruptura entre os dois estados; mas é, na realidade, o culminar de uma preparação lenta e contínua. Em Claude Bernard, existe identidade fundamental da saúde e da doença. O historiador da medicina Mirko Grmek mostrou claramente que os descontinuístas distinguem saúde e doença em

---

([32]) G. Canguilhem, *Idéologie et rationnalité dans l'histoire des sciences de la vie, op. cit.,*p. 41.

termos de qualidade, enquanto Claude Bernard «(...) reduz esta diferença qualitativa a uma diferença de quantidade entre fenómenos da mesma essência»([33]). Veja-se o que diz Claude Bernard a este propósito nas suas *Leçons sur la chaleur animale, sur les effets de la chaleur et sur la fièvre* (1871): «A saúde e a doença não são dois estados que diferem essencialmente, como julgaram os médicos antigos e como ainda julgam alguns práticos. Não devem criar-se princípios distintos, entidades que se disputam o organismo vivo, fazendo dele o palco das suas lutas. Isso são velharias médicas. Na realidade, existem apenas diferenças de grau entre estas duas maneiras de ser: o exagero, a desproporção, a desarmonia dos fenómenos normais é que constituem o estado doentio»([34]).

Esta tomada de posição traz implicações práticas inesperadas. Uma vez que nos encontramos perante uma passagem gradual de um termo para o termo oposto, segue-se, como fez notar Mirko Grmek, que é possível distinguir vários estádios na saúde, que haveria pessoas mais saudáveis do que outras pessoas saudáveis. Trata-se de um conceito muito alargado de saúde. Por exemplo, conviria que a medicina se preocupasse com o indivíduo são. O conceito bernardiano das relações entre o normal e o patológico era inspirado no pensamento de Auguste Comte, cuja obra foi, ela própria, marcada pelo que se designava por "o princípio de Broussais" – este princípio constitui a segunda parte da tese de medicina de Georges Canguilhem. Em 1828, Auguste Comte ([35]) toma conhecimento da obra de Broussais intitulada *De l'irritation et de la folie,* na qual se explica que as doenças consistem essencialmente «(...) num excesso ou defeito de excitação dos diversos

---

([33]) M. Grmek, "O conceito de doença e de saúde em Claude Bernard", in *L'aventure de la science. Mélanges Alexandre Koyré,* Paris, Hermann, 1964, p. 210.

([34]) Citado por M. Grmek, in "O conceito de doença e de saúde em Claude Bernard", *op. cit.,* p. 211-212. Igualmente citado por G. Canguilhem na sua tese. *Vide* também F. Dagognet,"O que é a fisiologia segundo Canguilhem?", in *Actualité de Georges Canguilhem, le normal et le pathologique, op. cit.,* p. 85-93.

([35]) Cf. Jean-François Braunstein, "Canguilhem, Comte e o positivismo", in *Actualité de Georges Canguilhem, le normal et le pathologique, op. cit.* p. 95-120.

tecidos, acima e abaixo do grau que constitui o estado normal». As doenças são entendidas como o resultado de simples alterações na intensidade dos estimulantes indispensáveis à manutenção da saúde. Comte vai mesmo até ao ponto de ligar este princípio a outro – famoso – segundo o qual «o progresso não é senão o desenvolvimento da ordem». Eis o princípio – médico – de Broussais, erigido em lei universal, visto que pode ser aplicado até à sociologia. Assim, de uma classe social para outra, apenas se verão diferenças *graduais* casuais, o que impede de pensar a sociedade em termos de classes sociais radicalmente antagónicas. Em coerência com estas ideias, Auguste Comte era *organicista*, tal como, um pouco mais tarde, Herbert Spencer (1820-1903). Em sociologia, o organicismo é o conceito segundo o qual se pode pensar a sociedade como um *organismo*. As suas implicações são conservadoras: no século XIX e no princípio do século XX, pensavam-se sem estados de alma as desordens políticas, em termos de "patologia social", tal como hoje as metáforas organicistas estão ainda muitas vezes em uso para pensar as sociedades [36].

4. O normal e o patológico em Georges Canguilhem. —
Canguilhem reconhece numerosos casos em que o normal e o patológico «(...) aparecem como simples variações quantitativas de um fenómeno homogéneo, sob uma e outra forma»[37]. Discutiu particularmente o caso da glicémia no sangue. Em Claude Bernard, a diabetes é uma doença que aparece em consequência da irregularidade de uma função normal: «(...) o génio de Claude Bernard consistiu em mostrar que o açúcar no organismo animal é um produto deste mesmo organismo e não apenas um produto importado do reino vegetal, pela via da alimentação (...)»[38]. A glicemia não é, portanto, no diabético,

---

[36] "Doença dos arredores", "corpo social", "gangrena do desemprego", "circulação automóvel", etc., fazem também parte da gíria jornalística corrente.

[37] G. Canguilhem, "O normal e o patológico", in *La connaissance de la vie*, 2ª ed., *op. cit.*, [1ª publicação do artigo: 1951].

[38] G. Canguilhem, "Ensaio sobre alguns problemas respeitantes ao normal e ao patológico" (1943), in *Le normal et le pathologique*, 2ª ed., Paris, PUF [1ª ed.:1966], p. 36.

um fenómeno patológico em si. Claude Bernard insiste muitas vezes no facto de que existe apenas uma glicemia, mas que se torna patológica, uma vez ultrapassado determinado índice.

Mas Canguilhem opõe-se radicalmente a este conceito "pedagogicamente inevitável", mas "teórica e praticamente contestável", pois a diabetes deve ser considerada «(...) uma doença da nutrição, em que o metabolismo dos glúcidos depende de múltiplos factores, coordenados pela acção de facto indivisível do sistema endócrino»[39]. Assim, mesmo neste caso da diabetes, em que todas as aparências militam a favor da tese continuista, Canguilhem capta a doença como um conjunto. E tal conjunto é algo diferente do estado de saúde: «Não podemos dizer que o conceito de "patológico" seja a contraditória lógico do conceito de "normal", pois a vida no estado patológico não é uma ausência de normas, mas a presença de normas diferentes»[40].

A rigor, "patológico" é o contrário de "são" no plano vital; não é o contrário lógico de "normal". A etimologia está em harmonia com este ponto de vista: *norma,* em latim, é a régua, mas também o esquadro, aquilo que não está inclinado, nem para esquerda nem para a direita. O patológico não é anormal: «A doença é ainda uma norma de vida, mas é uma norma inferior no sentido em que não tolera qualquer afastamento das condições em que ela tem valor, incapaz como é de se alterar numa norma diferente»[41]. Assim, na osteo-artrite tuberculosa do joelho, os doentes imobilizam a articulação em posição "viciada" – intermédia entre a flexão e a extensão, a fim de acalmar o seu sofrimento. A atitude só é chamada "viciada" relativamente à utilização "normal" da articulação: «Mas sob este vício, existe uma outra norma, noutras condições anatómico-fisiológicas, que se dissimula»[42].

---

[39] G. Canguilhem, "O normal e o patológico", in *La connaissance de la vie, op, cit.,* p. 166.

[40] *Ibid.*

[41] G. Canguilhem, "Ensaio sobre alguns problemas respeitantes ao normal e ao patológico", *op. cit.,* p. 120.

[42] *Ibid.*

Canguilhem defende, pois, um conceito radicalmente descontinuista do patológico e do normal: «(...) o patológico deve ser entendido como uma espécie do normal, uma vez que o anormal não é o que não é normal, mas o que é outro tipo de normal»[43]. Portanto, não existem factos "normais" ou "patológicos" em si mesmos: «a anomalia ou a mutação não são em si mesmas patológicas. Exprimem outras normas de vida possíveis ([44]). Se estas normas forem inferiores, quanto à estabilidade, à fecundidade, à variabilidade da vida, às normas específicas anteriores, elas serão chamadas patológicas»([45]); mas se elas se revelarem eventualmente equivalentes no mesmo meio, ou superiores em outras circunstâncias, serão qualificadas de "normais" –pensamos no transformismo. «O patológico não é a ausência de norma biológica, é uma outra norma comparativamente repelida pela vida»([46]).

Geralmente, a sociedade produz valores normativos: o doente é, talvez, simplesmente aquele que não pode viver "como os outros", provisória ou definitivamente – ou apenas, "absolutamente como os outros". Assim, a doença é um «(...) comportamento de vida regulada por normas vitalmente inferiores ou depreciadas, pelo facto de impedirem ao ser vivo a participação activa e cómoda, geradora de confiança e de segurança, em um género de vida que anteriormente era o seu e que continua permitido a outros»([47]). E Georges Canguilhem refuta antecipadamente a possível crítica de subjectividade a juízos de valor como «normas inferiores ou "depreciadas", verificando que

---

([43]) *Ibid.*, p. 135.

([44]) *Vide* também Pierre Macherey, "Normas vitais e normas sociais no Ensaio sobre alguns problemas respeitantes ao normal e ao patológico", *in Actualité de Georges Canguilhem, le normal et le pathologique, op. cit.*, p. 71-84.

([45]) G. Canguilhem, "Ensaio sobre alguns problemas respeitantes ao normal e ao patológico", *op. cit.*, p. 91.

([46]) *Ibid.*

([47]) G. Canguilhem, "O normal e o patológico", *in La connaissance de la vie, op. cit.*, p. 166-167.

é uma "subjectividade universal"», o que atesta «(...) a existência, coextensiva da humanidade no espaço e no tempo, de uma medicina como técnica mais ou menos conhecedora da cura das doenças»([48]).

Uma das características da obra de Georges Canguilhem é o facto de a filosofia estar constantemente presente, como por pequenos toques, mas sempre fundamentais e decisivos. Assim, a afirmação de continuidade implica a recusa de um conceito ontológico da doença, quer dizer, «(...) a recusa mais profunda do reconhecimento da doença»([49]). A presença da doença no mundo colocou sempre aos teólogos um problema espinhoso. A negação da sua existência não é uma decisão inábil. Mas «(...) pelo facto de que o mal não é um ser, dizia Canguilhem, não se segue que seja um conceito privado de sentido, não se segue que não possua valores negativos, mesmo entre os valores vitais, não se segue que o estado patológico não seja, no fundo, outra coisa a não ser o estado normal»([50]). Em 1943, na clandestinidade, a resolução deste conceito filosófico provocava uma certa vaidade.

([48]) *Ibid.*, p. 167.

([49]) G. Canguilhem, "Ensaio sobre alguns problemas respeitantes ao normal e ao patológico", *op. cit.*, p. 62.

([50]) *Ibid.*

VII

AS FONTES CLÁSSICAS
NA *INTERNET*

I. As fontes não verbais em história das ciências

A descoberta e o acesso às fontes primárias e secundárias representam uma parte importante do trabalho do historiador das ciências. Não se trata aqui da descoberta de fontes inéditas nas bibliotecas, instituições ou arquivos familiares. Nesta matéria, não existe um verdadeiro método – o que logo se saberia – e a sorte desempenha um papel importante. Começaremos pelos problemas relativos às fontes muitas vezes desprezadas: as fontes não verbais [1]. Depois de termos evocado brevemente as fontes escritas clássicas, abordaremos a *internet* [2].

---

[1] "Não verbais" e não "não escritas", pois as gravações fonográficas, cinematográficas, televisivas, digitalizadas, etc., que são fontes não escritas, mas verbais – salvo raras excepções – relevam de um tipo de abordagem comparável ao das fontes escritas ilustradas.

[2] Como veremos mais adiante (III, 1: Das origens ao "www"), a palavra "*internet*" não designa nem uma marca, nem uma firma, mas uma rede de redes, donde a utilização da inicial minúscula.

117

O historiador das ciências Renato Mazzolini([3]) distingue os seguintes seis tipos de fontes de comunicação não verbal: os instrumentos científicos, os modelos materiais, as ilustrações científicas, as colecções, os lugares de produção e de comunicação científica e as suas representações convencionais – tabelas, diagramas, gráficos – cujo simbolismo não verbal apresenta algum interesse para a história das ciências. A isso convém acrescentar as informações que podem obter-se nas visitas aos museus de pintura.

1. Os instrumentos científicos. — No decurso do mês de Outubro de 1998, no âmbito de uma excursão geológica, repetindo o precurso do geólogo genovês Horace-Bénédict de Saussure (1740-1799), o autor deste livrinho teve ocasião de visitar o belo museu alpino de Chamonix. Numa das vitrinas dedicadas ao astrónomo, geógrafo e glaciólogo Joseph Vallot (1854-1925), que instalou um laboratório no monte Branco, a 4362 metros de altitude, havia um instrumento de óptica, com várias articulações, muito complexo, com numerosas lentes, prismas, filtros e espelhos. Uma etiqueta esclarecia o visitante: "Utilização desconhecida". Neste episódio, encontramos condensado todo o problema decorrente do estudo dos instrumentos científicos: onde estão os documentos escritos – se é que existem – que poderiam dar-nos indicações sobre a sua utilização? Quem poderia fazer uma peritagem, e onde? Como aproximar vários peritos, se eles estão geograficamente separados? Quem assumiria as despesas de transporte e de segurança do instrumento, se se verificasse ser necessário transportá-lo? Quantos entraves! Estas dificuldades, de que é indispensável falar num livro sobre a história das ciências, explicam claramente que, em matéria de fontes primárias, os historiadores das ciências e das técnicas deparam com mais dificuldade relativamente a este tipo de objectos do que em relação à análise de publicações ou de outras obras.

([3]) Uma parte importante das informações sobre este tema é retirada da indispensável obra seguinte: Renato G. Mazzolini (org.), *Non-verbal Communication in Science Prior to 1900,* Florença, Leo S. Olschki, 1993.

Alguns instrumentos, contudo, têm a preferência dos historiadores das ciências: os astrolábios medievais, por exemplo (⁴), bizantinos ou árabo-andaluzes, cuja complexidade, diversidade e manufactura fornecem numerosas informações sobre as suas origens e, por isso mesmo, sobre as influências científicas e os progressos realizados em astronomia, no decurso dos tempos. Existem, no entanto, numerosos universos dignos de ser explorados(⁵): o universo vastíssimo dos instrumentos de óptica, o dos instrumentos de medição do calor ou dos movimentos do Sol, etc. Muitas vezes, os materiais utilizados, as técnicas artesanais de fabrico ou o acabamento do instrumento, fornecem indicações preciosas aos historiadores "clássicos" das ciências; é por isso que o estudo dos instrumentos exige, a maior parte das vezes, uma abordagem pluridisciplinar, na qual se completam a história das técnicas e a abordagem histórica tradicional.

2. Os modelos materiais. — Este conjunto de fontes não verbais compreende: « (...) os modelos do sistema solar, da Terra, do corpo humano, (fabricados em materiais como argila, madeira, marfim, cera, papel-*mâché* colorido e materiais plásticos), estratos geológicos, estruturas moleculares, máquinas e assim por diante»(⁶). É inútil insistir na importância destas fontes. Assim, por exemplo, não é indiferente que o primeiro globo terrestre conhecido tenha sido construído em 1492 pelo geógrafo alemão Martin Behaim (1459-1507), no ano em que Cristóvão Colombo (1451-1506) descobriu a América, mas trinta anos antes de ter sido apresentada prova da esfericidade da Terra, mediante a primeira viagem de circum-navegação do globo (1518-

---

(⁴) Mas também os quadrantes e os quadrantes solares, tal como as esferas armilares – que são, aliás, mais modelos do que instrumentos.

(⁵) Determinados domínios estão ainda relativamente pouco trabalhados. Parece ser o caso, por exemplo, dos dispositivos de detecção das partículas elementares como as câmaras de Wilson e as primeiras câmaras de bolhas.

(⁶) Renato G. Mazzolini (ed.) *Non-verbal Communication in science Prior to 1900, op. cit.*, p.viii.

-1522), efectuada pelo navegador português Fernão de Magalhães (1480-1521) ([7]).

Na Europa, vários museus de história das ciências, como o de Oxford, o de Florença, que contém mais de 5 000 peças originais, ou o de Pisa – consagrado a Galileu, mas não em exclusivo – reservam uma parte importante da sua superfície para este tipo de realizações. É possível e útil fazer visitas virtuais através da *internet* ([8]). O historiador das ciências cibernauta encontrará uma lista de uma centena de *sites* consagrados a este género de museus por todo o mundo, no *site* intitulado *Research and Funding Tools,* na rubrica "Archives, Artifacts and Manuscript Collections"([9]).

3. A história da pintura. — Ainda relativamente inexploradas no plano da história das ciências e das técnicas, as obras pictóricas do passado encerram muitas vezes informações interessantes. Veja-se a balança de precisão, representada no quadro de Quentin Metsys (*c.*1465-1530), *O Cambista e sua Mulher (*1514), a esfera armilar brandida por Vénus em *Vénus na Forja de Vulcano,* de Jan Breughel I (1568-1625), os globos terrestres do *Astrónomo* (1668) e do *Geógrafo* (1668-1669), de Johannes Vermeer (1632-1675), os instrumentos dos *Astrónomos* ([10]) (1533), de Hans Holbein, o Jovem (1497-1543), os instrumentos – sempre astronómicos – que aparecem no plano de fundo do *Retrato de Nikolaus Kratzer* (1528) ([11]), também

---

([7]) Cf. P. Acot, *Biosfera: la pàtria dels humans* (com Josep Maria Camarasa, Ramon Folch, Gonzalo Halffter), *Biosfera,* Ramon Folch (org.), vol. 11, Barcelona, Enciclopèdia Catalana, Programa "Man and Biosphere", UNESCO, 1998 [em catalão], p. 37.

([8]) Museu da História da Ciência de Oxford:< http://www.msh.ox.ac.uk/>; Istituto e Museo di Storia della Scienza: <http://galileo.imss.firenza.it/intro/indice.htm>; Domus Galileana: <http://galileo.difi.uipi.it/domus/domus.html>.

([9]) <http://weber.u.washington.edu/~hssexec/hss_rsch.html>.

([10]) Mais conhecido pela designação de *Os embaixadores franceses na corte de Inglaterra.*

([11]) Nikolas Kratzer (1487-c.1558): matemático e astrónomo de Henrique VIII.

de Holbein. Consegue ver-se também um belíssimo astrolábio, no plano de fundo do *S. Jerónimo no seu Gabinete de Trabalho* (c.1435), de Jan van Eyck (? – 1441) e uma esfera armilar em *S. Agostinho Recebendo a visão de S. Jerónimo,* de Vittore Carpaccio (c.1450--c.1525). De Jacopo de Barbari existe também um célebre *Retrato de Fra Luca Pacioli* ([12]), igualmente conhecido pelo título *A Lição de Geometria* (1495?). Numerosas miniaturas persas representam geómetras e astrónomos, e um interessantíssimo manuscrito do século XVI, conservado na biblioteca da universidade de Istambul, representa uma lição de astronomia ([13]).

Atente-se numa utilização inesperada da pintura e da gravura: a investigação e a identificação de variedades desaparecidas de legumes comestíveis (particularmente nas naturezas mortas) e a aquisição de preciosas informações sobre espécies de animais extintas, como o dodó, *Leguatia gigantea.*

4. As ilustrações científicas. — A ideia de iconografia científica não é recente. Já no século XVII, o jesuíta Claude-François Ménestrier (1631-1705), genealogista e autor de "livros de símbolos", fez a distinção entre "imagens da ciência", imagens da pintura e imagens simbólicas ([14]). As ilustrações científicas constituem fontes não verbais mais familiares para os historiadores das ciências e das técnicas do que as precedentes. São de uma riqueza inaudita: representações de plantas, de animais, de dissecações, de zonas geográficas, de regiões do firmamento e de planetas. Pensamos, ao acaso das recordações imediatas, nas cartas e portulanos medievais, na dissecação de um ser humano representada em 1453, conforme a *Anathomia,* de Mondino dei Luzzi (c.1270-c.1328) ([15]), nas tábuas anatómicas de Leonardo

---

([32]) Amigo de Leonardo da Vinci, autor de *A Proporção Divina* (1509).

([32])Vide também o belo *site* intitulado "The Art of Renaissance Science": <http://bang.lanl.gov/video/stv/arshtml/lanlarstitle.html>.

([14]) Fonte: Jean Bialostocki, "Iconologie", in *Encyclopaedia Universalis,* CD-ROM, 1-886b.

([32]) Cf. F. S. Bodenheimer, *History of Biology, op. cit.,* tábua VII e p. 109.

da Vinci, nos desenhos da Lua por Galileu, nos homúnculos "observados" ao microscópio por Anton van Leeuwenhoek (1632-1723), nas admiráveis aves de Jean-Jacques Audubon (1785-1851), etc.

Aqui ainda, as limitações materiais representam entraves à investigação neste domínio: como apresentar uma tese de iconografia comparativa, fundamentada numa documentação que se encontra disseminada pelo mundo inteiro? Como reproduzir os documentos? Será mesmo que há o direito de o fazer? Até na *internet*, as imagens estão sujeitas ao pagamento de direitos de utilização, e a sua nitidez, tal como a reconstituição das cores, é em geral insuficiente para uma reprodução de boa qualidade – pelo menos, no estado actual da transmissão e da gravação de imagens em suporte digital. No entanto, será necessário ultrapassar estas dificuldades, se não quisermos ver a iconografia científica do passado reduzida à sua utilização actual, que é principalmente a ilustração de obras de história das ciências, ao passo que fazer delas um objecto de estudo integral seria verosimilmente uma atitude rica em ensinamentos ([16]).

5. As representações convencionais. — Estas representações, estreitamente aparentadas às precedentes, compreendem os gráficos, as representações gráficas das leis científicas, as tabelas (como a de Mendeleev [1834-1907]) e os quadros, a materialização gráfica das proporções e quantidades (histogramas), os símbolos e representações das estruturas químicas (estereoquímica do carbono), etc., Compreende-se que a substituição de um código por outro possa ser epistemologicamente significativa e que o estudo deste tipo particular de representações interesse o historiador das ciências e das técnicas ([17]).

([16]) Convém pois saudar, para além dos grandes clássicos como *Images des sciences,* de Henri Michel, empreendimentos sintéticos com meios materiais mais modestos, como o de Antonio E. de Pedro, "El Zoo de papel, un analysis de la imagem cientifica sobre los animales en el siglo XVIII", in *Asclepio,* XLIV, 1, 263-290, 1992; ou como o de Marie Rose Faure, "Sciences naturelles et dessin", in *Bull. trim. soc. géol. Normandie et amis muséum du Havre,* t. 81, fasc. 3 e 4, p.15-33, 1994.

([17]) Cf., por exemplo, Marika Blondel-Mégrelis, *Dire les choses. Auguste Laurent et la méthode chimique,* Paris, J. Vrin e Instituto Interdisciplinar de Estudos Epistemológicos, 1996.

6. As colecções. — Consideramos colecções «(..) objectos naturais tais como plantas (herbários), minerais, animais vivos, empalhados ou embalsamados por outros meios, colecções de peças anatómicas (sejam elas sãs, patológicas ou monstruosas) e colecções de ossos e de crânios »([18]). A conservação e o enriquecimento das colecções é uma das tarefas principais dos museus de história natural (juntamente com a apresentação ao público e a pesquisa). O acesso às colecções tornou-se difícil, devido às condições de conservação: temperatura, higrometria, particularmente para os herbários e para os animais conservados. O próprio tratamento das recolhas regularmente efectuadas no decurso de missões científicas de longa duração entra em choque com problemas de pessoal científico e de espaço. Em certos museus, existem recolhas que continuam nas caixas há dezenas de anos, para não dizer mais, e que se vão degradando continuamente.

7. Os lugares de produção e de comunicação do saber científico. — Trata-se de «(...) museus, jardins botânicos, laboratórios, anfiteatros de anatomia e observatórios, onde uma arquitectura funcional oferece as condições materiais de uma forma específica de comunicação»([19]). O observatório de Jaipur, na Índia, construído no século XVIII, representa um tipo de arquitectura em que o próprio edifício é um instrumento científico. O grande observatório de Tycho-Brahe – o "palácio de Urânia" – fora construído de acordo com esse mesmo princípio, em Uranienborg, na ilha de Hven, na Dinamarca. Em geral, o estudo da planta dos edifícios pode fornecer ao historiador das ciências e das técnicas informações preciosas sobre a emergência de disciplinas autónomas, sobre o contorno intradisciplinar e sobre as práticas experimentais. A dimensão e as verbas podem também revelar disparidades significativas entre as disciplinas – testemunhos das relações de forças no interior das instituições, mas também de decisões políticas em matéria científica.

([18]) Renato G. Mazzolini (org.), *Non-verbal Communication in Science Prior to 1900*, op. cit., p. viii.

([19]) *Ibid.*

II. As fontes verbais clássicas

1. As fontes impressas e manuscritas. — São as mais habitualmente utilizadas. É difícil fazer uma estimativa fiável, mas pode concluir-se que 90% dos historiadores das ciências passam 90% do seu tempo de trabalho debruçados sobre documentos escritos. Uma das dificuldades mais importantes consiste em encontrar a documentação, de lhe ter acesso e evitar a dispersão. O problema das publicações não microfilmadas continua a ser aflitivo: como será possível apenas *folhear*, na sala de leitura, os índices de uma publicação como a *Revue générale de botanique,* que começou em 1889 ou *The botanical gazette,* que começou em 1884? A dificuldade em fazer fotocópias de obras antigas coloca igualmente aos historiadores das ciências um problema de vulto. As medidas draconianas tomadas, e com razão, para proteger os originais dá a medida do atraso existente na microfichagem e na microfilmagem dos documentos antigos.

Na bibliografia podem encontrar-se referências a obras habituais de indispensável consulta, quando se inicia uma pesquisa: as histórias gerais das ciências e as histórias gerais das técnicas, a que se devem acrescentar as histórias das disciplinas particulares. Convém, no entanto, mencionar em bloco os indispensáveis *Éléments de bibliographie de l'histoire des sciences et des techniques*[20], de François Russo, obra notável, publicada inicialmente em 1954, mas reeditada em 1969 e que, apesar da sua idade e do facto de se restringir às fontes impressas, continua a prestar relevantes serviços.

O recurso aos computadores, nas salas de leitura, revela-se de grande utilidade. Perdemos o prazer de manusear as belas fichas cartonadas, elaboradas no século XIX, em caligrafia artística, com caneta de aparo e tinta-da-china, mas ganhamos tempo e, sobretudo, ficamos a saber onde encontrar esta ou aquela obra, quando não se encontra na biblioteca em que efectuamos a pesquisa.

---

[20] F. Russo, *Éléments de bibliographie de l'histoire des sciences et des techniques,* 2ª ed., Paris, Hermann, 1969.

2. As fontes audiovisuais. — São numerosas e ainda pouco exploradas. Deixemos de lado um tipo de fontes ainda muito desprezadas: referimo-nos às que nós próprios podemos criar, ao entrevistar e ao gravar declarações de cientistas que foram testemunhas ou intervenientes de acontecimentos passados. Regra geral, os cientistas prestam-se a isso com algum humor. As fontes fotográficas ([21]) colocam problemas de direitos. Geralmente, as agências de índole comercial ou as instituições de serviço público ([22]) adquirem os direitos de reprodução fotográfica dos negativos que promovem. Por sua vez, as provas vendidas estão sujeitas ao pagamento de direitos, que variam com o formato, a importância cultural e artística e a difusão – nacional ou internacional – prevista pelo director do suporte editorial que faz a sua aquisição. Todos estes condicionalismos não impedem o estudo de imagens fotográficas pelos historiadores das ciências e das técnicas, mas não facilitam a difusão dos resultados obtidos.

As fontes cinematográficas colocam problemas idênticos aos que acabamos de referir. O tratamento destas fontes acaba, no entanto, por complicar-se, devido à questão material da visualização e da apresentação – no momento da defesa de uma tese, por exemplo. Resulta que estas fontes, conhecidas pelos historiadores e pelos analistas do cinema, são pouco utilizadas pelos historiadores das ciências.

III. A *internet*

1. Das origens à "www". — A eficiência na utilização da *internet* é irritante, como é irritante ([23]) a lentidão da *World Wide Web* à tarde,

---

[21] Os documentos fotográficos são numerosos e foram muito cedo utilizados para fins científicos; cf., por exemplo, M. Sicard, *L'année 1895, l'image écartelée entre voir et savoir*, Paris, Les Empêcheurs de penser en rond, 1994.

[22] Encontram-se com facilidade os endereços das agências comerciais nos anuários electrónicos acessíveis, e os dos organismos de serviço público nos organigramas das instituições de pesquisa acessíveis pela *internet*.

[23] Geralmente não é devida às limitações dos computadores pessoais actuais.

na Europa (quando a América do Norte entra na rede). Quanto aos *browsers* ([24]) de grande difusão, são lentos e medíocres em numerosos aspectos([25]). Mas, como vamos ver, resolvidas estas questões, a *internet* é um universo apaixonante para o historiador das ciências e das técnicas.

Na origem (1969), a *internet* foi uma ideia dos militares norte--americanos com o objectivo de permitir a comunicação entre redes informáticas fixas ou móveis, mesmo em caso de destruição parcial das redes de comunicação dos Estados Unidos. *Internet* não é, pois, a abreviatura de *international network*, mas evoca um "sistema inter--redes" As universidades norte-americanas adoptaram a ideia (rede da National Science Foundation) e estabeleceram uma teia *(web)*, de interconexões por *modems*, utilizando a rede telefónica. Neste processo, estas universidades desenvolveram motores de busca e servidores muito rápidos e perfeitos. A *World Wide Web*, com a qual muitas vezes se confunde a *internet*, foi inventada em 1990 por investigadores do Centro de Estudos e de Pesquisas Nucleares, em Genebra. É de fácil utilização para trocar ficheiros de imagem, som e texto. Embora congestionada por utilizações parasitárias, esta rede está cheia de riquezas e de futuro. O que vai brevemente apresentar--se não tem, evidentemente, qualquer pretensão de exaustão: cada historiador das ciências tem, nesta matéria, necessidades e, portanto, práticas diferentes ([26]).

([24]) Um *browser* é um *software* que liga um computador a um servidor de acesso à *internet* e a um "motor de busca" como o *Alta Vista* ou o *Yahoo;* permite também gravar textos e imagens a partir dos *sites* escolhidos.

([25]) Existem alternativas fiáveis e pouco dispendiosas aos medíocres sistemas operativos pré-instalados e ao *software* que equipam a maior parte dos computadores pessoais vendidos no mundo: A *Délégation aux systèmes d'information du CNRS* propõe assim em CD-ROM o sistema *Linux (Unix)* e uma sequência burocrática e de comunicação: <lmb@dsi.cnrs.fr>.

([26]) Para uma introdução séria à *internet*, cf. O. Andrieu, *Méthodes et outils de recherche sur l'internet,* Paris, Eyrolles, 1997; aí se encontram particularmente critérios de escolha dos motores de busca assim como astúcias de sintaxe que permitem economizar tempo.

2. Algumas fontes de referência. — Um dos problemas que frequentemente se levantam no trabalho quotidiano é a verificação de uma referência bibliográfica. Utilizar-se-á com proveito o servidor, de rapidez e simplicidade notáveis, da biblioteca do Congresso dos Estados Unidos: <http://lcweb.loc.gov/z3950/gateway.html>. Este servidor dá acesso às pesquisas por autores e por títulos, assim como a mais de 200 catálogos de bibliotecas universitárias dos Estados Unidos. Um repertório das bibliotecas de França, fornecido pela Biblioteca Nacional de França, está acessível no seguinte endereço: <http://www.ccfr.bnf.fr/rnbcd_visu/framevisu.html>. Este *site* permite também aceder a numerosas bibliotecas europeias e outras, virtuais ou não, escolhendo a opção "Outros serviços", depois "ligações com outros *sites*". O catálogo em linha da Biblioteca Nacional de França (OPALE e OPALINE) só é acessível através de um protocolo *internet* que se tornou relativamente confidencial, designado por "Telnet" ([27]). Poder-se-á também tentar o servidor geral de acesso aos profissionais da informação e da documentação:<http://www.tvt.fr/menuhtml/formationdoc.html>.

No seguinte endereço:<http://www.asap.unimelb.edu.au/hstm/hstm_ove.html>, pode encontrar-se uma autêntica mina de informações bibliográficas em história das ciências, da tecnologia e da medicina. Trata-se também de uma biblioteca virtual, que permite aceder a obras completas, por vezes em *fac-simile*. É possível, a partir deste *site*, aceder a uma centena de outros *sites*, especializados nos temas que acabam de ser evocados; neles se encontrarão, particularmente, numerosas e por vezes sumptuosas bibliotecas de imagens.

Por último, o *site* mais importante pela sua riqueza e pelas ligações externas que nele se encontram é "Research and funding tools", da Sociedade de História das Ciências dos Estados Unidos:

([27]) O equivalente português é o PORBASE, disponível em <http://porbase.bn.pt>; é uma base de dados bibliográficos que integra em rede as bibliotecas nacionais (Biblioteca Nacional, bibliotecas públicas municipais e escolares) e bibliotecas nacionais estrangeiras, assim como os seus principais catálogos (N. do R.).

< http://weber.u.washington.edu/~hssexec/hss_rsch.html >. Aí se descobrirão ligações voltadas para as colecções de arquivos, de manuscritos e de instrumentos; para as organizações e sociedades ligadas à história das ciências; e para bases de dados e de servidores *internet*, particularmente.

Naturalmente que o recurso directo a *sites* especializados é muito eficaz. Assim, se estudarmos, por exemplo, a história da parasitologia, introduziremos simplesmente <Institut Pasteur> em qualquer grande motor de busca para aceder facilmente às informações que o servidor da biblioteca geral deste instituto pode fornecer.

3. Duas bases de dados biográficos. — Quando não temos à mão o *Dictionary of scientific Biographies* ([28]), pode ser extremamente útil consultar o *site* seguinte: <http://www.biography.com/find/find.html> (20 000 biografias, mas não apenas de cientistas). *Eric's treasure trove of scientific biography* pode também ser de grande ajuda neste domínio, em que muitas vezes se perde tempo à procura de datas de nascimento e de morte: <http://www.astro.virginia.edu/~eww6n/bios/>.

4. Quatro instituições indispensáveis. — Existem milhares de instituições dedicadas à história das ciências, facto de que logo ficaremos convencidos ao consultar a *internet*. No entanto, quatro de entre elas são essenciais, na medida em que permitem aceder a todas as outras: visitaremos com proveito a página inicial de The British Society for the History of Science:< http://www.man.ac.uk./Science Engineering/CHSTM/bshs/>, e sobretudo a da History of Science Society dos Estados Unidos: <http://weber.u.washington.edu/~hssexec/>. Nela se encontrão ligações com sociedades afins, ofertas de emprego, informações sobre bolsas para estudantes e pós--graduações, os livros recentemente recebidos pela revista *Isis*,

---

([28]) Obra colectiva em vários volumes, cujo organizador principal é Charles Couston Gillispie; Nova Iorque, Scribner, 1970-1980.

AS FONTES CLÁSSICAS NA INTERNET

informações para estudantes, conselhos pedagógicos, etc. O Instituto de História e Filosofia das Ciências e das Técnicas da Universidade de Paris I propõe notícias biobibliográficas particularmente interessantes de historiadores das ciências:< http://www.univ.paris1.fr/IHPST>. O *site* da Sociedade Francesa de História das Ciências também merece que o visitemos:< http://wwwrc.obsazur.fr/cerga/hdsn/lists.html>.

Conclusão

A HISTÓRIA DAS CIÊNCIAS NO FUTURO

Os historiadores sabem que o valor da predição da sua disciplina é limitado: as sociedades avançam no campo dos possíveis ao sabor da iniciativa dos seres humanos e em circunstâncias históricas determinadas. Assim, de preferência a arriscar observações prospectivas sobre o futuro da história das ciências e das técnicas, convém evocar antes aquilo que ameaça concretamente *hoje* o desenvolvimento futuro desta disciplina: os condicionalismos financeiros a que estão sujeitos certos serviços públicos, por um lado, e os ataques regularmente desferidos contra a leccionação da Filosofia no ensino secundário, por outro.

Já se abordou neste livro a apropriação – por parte dos serviços públicos – de objectos, como livros antigos ou gravuras, que pertencem ao património da nação, se não da humanidade e cujo conteúdo caiu sob o domínio público. Os direitos de reprodução pedidos excedem, a maior parte das vezes, os preços de custo da própria reprodução ([1]).

([1]) Podem estar condicionados à tiragem e à difusão – nacional ou internacional – previstas. Assim, por um custo razoável, pode adquirir-se o direito à utilização de um diapositivo, durante um colóquio; mas sairá muito mais dispendiosa a sua reprodução nas actas desse colóquio. É por esse motivo que os trabalhos de história das ciências e das técnicas em bases iconográficas são bastante raros.

A obtenção de benefícios é justificada com o argumento de que os directores comerciais podem retirar lucros das suas publicações. Este argumento levanta uma questão: em que é que estes tais lucros dizem respeito às bibliotecas públicas e desde quando é legítimo que estabeleçam a sua política tarifária em função dos lucros eventuais dos editores?

Na verdade, é a constante diminuição das despesas públicas do Estado face às suas necessidades crescentes que conduz determinadas grandes bibliotecas a uma política de restrição relativa da popularização dos textos e das gravuras – o que é exactamente o contrário da sua missão. Uma vez mais, a ideia de que um serviço público deve ser "rentável" ameaça gravemente o próprio serviço público. Assim, o acesso à Biblioteca Nacional de França tornou-se pagante, tal como um dos *sites* do museu do Louvre na *internet* – ao qual se pode aceder por assinatura condicionada. Desde logo, outra questão se coloca: quando os compromissos do Estado diminuírem novamente, em nome da redução das despesas públicas, aumentará o preço destes acessos para equilibrar os orçamentos?

As ameaças que pesam regularmente sobre o ensino da Filosofia no ensino secundário, sob variados pretextos ([2]), representam um segundo tema de inquietação em países em que a Filosofia desempenha um papel essencial em história das ciências: este ensino é regularmente ameaçado de supressão pura e simples, ou de absorção nas ciências humanas ([3]). Assim, mais do que nunca, impõe-se o dever de vigilância, para que a história das ciências e das técnicas, memória de uma parte *essencial* da história da humanidade, encontre enfim um lugar estável nas culturas do século XXI.

([2]) Um de entre tais pretextos é que se trataria de um saber demasiado "especulativo" – ao qual o ministério prefere manifestamente outro tipo de especulações (da Bolsa...), visto que é esse que é encorajado nos "clubes de investimento" das escolas.

([3]) Receia-se o pior: a dissolução da filosofia numa nebulosa de dominante sociológica.

BIBLIOGRAFIA

Esta lista não exaustiva remete para algumas obras que encerram inteira ou parcialmente reflexões sobre a história geral das ciências. As histórias sectoriais só a este título são aqui mencionadas.

Bachelard, G., *Le nouvel esprit scientifique,* Paris, PUF, 1966 [1ª ed.:1934] [*O Novo Espírito Científico*, Lisboa, Edições 70, 1996].

Bachelard, G., *La formation de l'esprit scientifique,* Paris, J. Vrin, 1970 [1ª ed.: 1938].

Bachelard, G., *Le rationalisme appliqué,* Paris, PUF, 1966 [1ª ed.: 1949].

Bachelard, G., *Le matérialisme rationnel,* Paris, PUF, 1972 [1ª ed.: 1953] [*O Materialismo Racional*, Lisboa, Edições 70, 1990].

Ben-David J., *Éléments d'une sociologie historique des sciences,* introdução de Gad Freudhental, Paris, PUF, 1991.

Bodenheimer F. S., *The History of Biology: an Introduction,* Londres, Wm. Dawson & Sons Ltd., 1958.

Canguilhem, G., (dir.) *Introduction à l'histoire des sciences,* 2 vol., Paris, Hachette, 1971.

Canguilhem, G., *Idéologie et rationalité dans l'histoire des sciences de la vie,* 2ª ed., Paris, J. Vrin, 1981[*Ideologia e Racionalidade nas Ciências da Vida*, Lisboa, Edições 70, 1981].

Canguilhem, G., *Études d'histoire et de philosophie des sciences,* 5ª ed. aumentada, Paris, J. Vrin, 1983.

Clagett, M., *Critical Problems in the History of Science,* Madison, Imprensa da Universidade do Wisconsin, 1959 [reimp: 1962].

Cohen, R. S. e Feyerabend, P. K. e Wartofsky, M. W., *Essays in memory of Imre Lakatos,* Boston, Estudos em Filosofia da Ciência, vol. XXXIX, Dordrecht-Boston, D. Reidel Publishing Company, 1976.

Comte A ., *Leçons de sociologie,* Paris, GF-Flammarion, 1995.

Condorcet J.-A. de, *Esquisse d'un tableau historique des progrès de l'esprit humain. Fragment sur l'Atlantide,* Paris, GF-Flammarion, 1988.

Crombie, A. C., *Histoire des Sciences, de saint Augustin à Galilée (400-1650),* 2 vol., Paris, PUF, 1959.

Crombie, A. C., *Styles of Scientific Thinking in the European Tradition,* 3 vol., Londres, Duckworth, 1994.

Daumas M., *Histoire générale des techniques,* Paris, PUF, 1962 [reimpr: 1996].

Day L. e McNeil I., *Biographical Dictionary of the History of Technology,* Londres e Nova Iorque, 1996.

Duhem P., *Swzein ta fainomena, Essai sur la notion de théorie physique de Platon à Galilée,* Paris [edição faz-similada (1994): Paris, J. Vrin].

Feyerabend P., *Contre la méthode. Esquisse d'une théorie anarchiste de la connaissance,* Paris, Editions du Seuil, col. "Points", 1979 [1ª ed. em inglês: 1975].

Fyrth, H. S., Goldsmith M., *Science, History and Technology,* 2 vol., Londres, Cassell, 1965-1969.

Kragh H., *An introduction to the Historiography of Science,* Cambridge, NI, Imprensa da Universidade de Cambridge, 1987.

Mikulas T. e Young R., *Changing Perspectives in the History of Science,* Londres, Heineman, 1973.

Sarton G., *Introduction to the History of Science,* 3 vol., Huntington (NI), R. E. Krieger Publishing Company, 1975 [1ª ed. Carnegie Institution of Washington, 1927-1948].

Selin H. (ed.), *Encyclopaedia of the History of Science, Technology and Medicine in non-western Cultures,* Dordrecht, Kluwer Academic Publishers, 1997.

Serres M. (dir.), *Éléments d'histoire des sciences*, Paris, Bordas, 1989 [reimpr:1991, 1994]

Taton R. (dir.), *Histoire générale des sciences,* Paris, PUF, 1957 [reimp.:1966].

Thorndyke, L., *Historic of Magic and Experimental Science,* 7 vol., Nova Iorque, Imprensa da Universidade de Columbia, 1923.

Thuillier, P., *Jeux et enjeux de la science. Essais d'épistémologie critique,* Paris, Robert Laffont, 1972.

Thuillier, P., *Le petit savant illustré,* Paris, Editions du Seuil, 1980.

Thuillier, P., *L'aventure industrielle et ses mythes, savoirs, techniques et mentalités,* Bruxelas, Editions Complexe, 1982.

Thuillier, P., *Les savoirs ventriloques, ou comment la culture parle à travers la science,* Paris, Editions du Seuil, 1983.

Thuillier, P., *D'Archimède à Einstein, les faces cachées de l'invention scientifique,* Paris, Fayard, 1988.

Thuillier, P., *Les passions du savoir. Essai sur les dimensions culturelles de la science,* Paris, Fayard, 1988.

Thuillier, P., *La revanche des sorcières. l'irrationnel et la pensée scientifique,* Paris, Belin, 1997.

Visser R. P. W. (ed.), *New Trends in the History of Science,* Amesterdão, Atlanta, G. A Rodopi, 1989.

ÍNDICE ONOMÁSTICO

Acot, Pascal, 86, 120
Althusser, Louis, 40
Anawati, Georges, 67
Andrieu, O., 126
Aragon, Louis, 82
Aristarco de Samos, 20
Arquimedes de Siracusa, 17, 91
Astier de la Vigerie, Emmanuel d', 108
Audubon, Jean-Jacques, 122
Avicena *[Abu ibn Sina], 64*

Babbage, Charles, 92
Bachelard, Gaston, 12, 16, 17, 27, 32, 33, 36, 37, 95, 99, 100, 101, 102, 103, 104, 105, 106, 108, 109
Bacon, Francis, 105
Balibar, É., 40
Barbari, J. de, 121
Bartholy, M.-C., 86, 105
Baudouère, Jacques, 87
Behaim, Martin, 119
Belaval, Yvon, 21
Belarmino, Roberto, cardeal, 30, 79
Bergandi, Donato, 59
Bergson, Henri, 44, 46
Bernard, Claude, 110, 111, 112, 113
Berthelot, Marcellin, 28
Bialostocki, Jean, 121
Bing, François, 107
Bitbol, Michel, 89
Blankaert, Claude, 74

Blondel-Mégrelis, Marika, 122
Blumenbach, Johann Friedrich, 60
Bodenheimer, Frederic Simon, 28, 55, 58, 121
Bohr, Niels, 89
Bonnet, 58
Bordeu, Théophile de, 39
Born, Max, 89
Bourguet, Marie-Hélène, 88
Boveri, Theodor, 18
Bowler, Peter, 71
Braunstein, Jean-François, 107, 111
Brecht, Bertolt, 45, 79, 80
Broca, Paul, 73, 74
Broglie, Louis de, 15, 89
Broussais, François, 110, 111, 112
Brueghel, Jan, 120
Bruno, Giordano, 57, 68, 79, 80
Brunschvicg, Léon, 27, 36, 46
Buridão, João, 30

Calvino, João, 56
Camarasa, Josep Maria, 120
Candolle, Alphonse de, 48
Canguilhem, Georges, 11, 19, 21, 36, 38, 39, 40, 46, 49, 50, 51, 82, 99, 100, 102, 106, 108, 109, 110, 112, 113, 114, 115
Cardan, Jerónimo, 68
Carnap, Rudolph, 15, 41
Carpaccio, Vittore, 121
Casanova, Laurent, 82

137

Cavaillès, Jean, 40, 107, 108
Cohen, Francis, 82
Colombo, Cristóvão, 119
Comte, Auguste, 25, 26, 27, 110, 111, 112
Condorcet, Jean-Antoine Caritat, marquês de, 22, 23, 24, 25
Copérnico, Nicolau, 13, 20, 30, 36, 68, 80, 98
Crombie, Alistair Cameron, 10, 28
Cruveilhier, Jean, 75, 78

D'Alembert, Jean le Rond, 22
Dagognet, François, 111
Darwin, Charles Robert, 10, 11, 39, 51, 60, 70, 71, 72, 76, 78, 86
Daumas, Maurice, 86, 88, 89
Dauzat, A., 65
Debru, Claude, 107
Desanti, Jean-Toussaint, 82
Descartes, René, 14, 19, 21, 23, 86
Despin, Jean-Pierre, 86, 105
Diderot, Denis, 39
Dioscórides de Anatólia (século I), 63
Dirac, Paul, 89
Djabir ben Hayyan [Jabir ou Geber], 65
Drouin, Jean-Marc, 75
Dubois, J., 65
Duhem, Pierre, 28, 29, 30, 31, 32, 36, 37
Durham, 58

Einstein, Albert, 15, 44
Engels, Friedrich, 60, 78
Erlander, Tage, 91
Espinosa, Baruch, 55
Eyck, Jan van, 121

Faure, Marie-Rose, 122
Feyerabend, Paul, 15, 41, 43, 44, 45, 50
Fichant, M., 40
Filateto, 67
Flamel, Nicolau, 67
Folch, Ramon, 120
Fontenelle, Bernard Le Bovier, 22
Fra Angelico, 20
Francesca, Piero della, 20
Frederico II de Hohenstaufen, 20

Galeno de Pérgamo, Cláudio, 63
Galileu, Galilei, 20, 24, 30, 31, 79, 80, 86, 87, 89, 90, 95, 96, 120, 122
Galton, Francis, 76, 78

Gayon, Jean, 100
Gillispie, Charles Couston, 128
Goethe, Johan Wolfgang von, 58, 60
Gould, Stephen Jay, 75, 76, 77
Grandpierre, Gérald, 86, 105
Grange, Juliette, 25
Gratiolet, Pierre Louis, 74
Grmek, Mirko, 110, 111
Gurvitch, Georges, 48
Gutenberg, 20
Guyot, Raymond, 82

Hahn, Otto, 79
Halffter, Gonzalo, 120
Hegel, Georg Wilhelm Friedrich, 60
Heisenberg, Werner, 15, 89
Hempel, Carl, 15
Herder, Johann Gottfried, 58, 60
Hessen, 47
Hilbert, David, 46, 92
Hipócrates de Cós, 23, 63
Hitler, 108
Hodges, A., 92
Holbein, Hans, [o Jovem], 120, 121
Hölderlin, Johann Christian Friedrich, 60
Humboldt, Alexander von, 60, 88
Husserl, Edmund, 46
Huygens, Christiaan, 89, 98

Jansénio, 31
Johannsen, Wilhelm, 18
Joly, B., 65

Kant, Immanuel, 14
Kepler, Johannes, 30, 31, 68, 95, 97
King, Augusta Ada, 92
Klinger, Friedrich Maximilian von, 58
Koyré, Alexandre, 15, 27, 36, 46, 56
Kratzer, Nikolaus, 120
Kropotkine, Petr Alekseievitch, 45
Kuhn, Thomas, 15, 41, 42, 43, 44

Laforgue, Jules, 103
Lakatos, Imre, 15, 41, 43, 44
Lamarck, Jean-Baptiste de, 39
Latour, Bruno, 16
Lavoisier, Antoine Laurent de, 65, 86
Lecourt, Dominique, 81, 83, 100
Leeuwenhoek, Anton von, 122
Leibniz, Gottfried Wilhelm, 23

ÍNDICE ONOMÁSTICO

Lenine, 45
Limoges, Camille, 55
Lineu, 55
Locke, John, 23
Lyell, Charles, 55
Lyssenko, Trofim Denisovitch, 79, 81, 82

Mac Arthur, Robert Helmer, 72
Macherey, Pierre, 114
Magalhães, Fernão de, 120
Maillet, Benoît de, 39
Mannheim, Karl, 48
Manuzio, Aldo, 20
Marx, Karl, 45, 47, 60, 78
Maupertuis, Pierre-Moreau de, 38, 109
Mayr, Ernst, 15
Mazzolini, Renato, 118, 119, 122
Médicis, Cosme II de, 88
Mendel, Grégor, 18, 38, 86, 100
Mendeleev, Dimitri, 122
Ménestrier, Claude-François, 121
Merton, Robert King, 48, 54
Metsys, Quentin, 120
Meyerson, Émile, 28
Michel, Henri, 122
Mitchurine, Yvan, 81, 82
Mitterrand, H., 65
Mondino dei Luzzi, de, 121
Montesquieu, Charles de, 25
Mumford, Lewis, 91, 96, 97

Namer, Émile, 79
Needham, Joseph, 61, 62, 63
Neumann, Johann [John] von, 92, 93, 94
Newton, Isaac, 21, 23, 67, 97, 98
Nobel, Alfred, 65
Nordenskjöld, Éric, 28
Novalis, Friedrich, 102

Oresme, Nicolau, 30
Osiander, Andreas [Osiandro], 30, 80

Paracelso [Teofrasto von Hohenheim], 66
Passadeos, Ch., 47
Pêcheux, M., 40
Pedro, Antonio E. de, 122
Penzias, Arno, 93, 96
Pitágoras de Samos, 23
Planck, Max, 89
Platão de Atenas, 14, 30

Pluche, abade, 58
Pons, Alain, 22
Popper, Karl, 15, 41, 42, 43
Prenant, Marcel, 83
Priestley, Joseph, 104
Ptolomeu, Cláudio, 13

Quillet, Pierre, 100

Rashed, Rosdi, 63
Ratzel, Friedrich, 78
Razés, 64
Reclus, Élysée, 78
Rey, Abel, 27
Rhône-Polane, 65
Richards, Joan, 95
Roquelo, Philippe, 47
Roudinesco, Élizabeth, 107
Rousseau, Jean-Jacques, 23
Royer, Clémence, 75
Russo, François, 124
Rutherford, Ernest, 89
Rybicki, Paul, 48

S. Francisco de Assis, 58
Saint-Simon, Henri de, 26
S. Tomás de Aquino, 19
Sakka, Michel, 74, 75
Sarton, George, 28, 31, 32, 48
Sartre, Jean-Paul, 107
Saussure, Horace Bénédict de, 118
Saxe, Alberto de, 30
Scheler, Max, 48
Schelling, Friedrich Wilhelm Joseph von, 59, 60
Schiller, Friedrich von, 58
Schotte, J.-C., 43
Schrödinger, Erwin, 15, 89
Séris, Jean-Pierre, 92
Servet, Miguel, 56, 57
Sève, Lucien, 14
Shannon, Claude Elwood, 94
Sicard, Monique, 125
Singer, Carl, 28
Soleil, Madame, 44
Sorokin, Pitirim, 48
Spencer, Herbert, 72, 112
Spire, Arnaud, 37

Tales de Mileto, 23

Thuillier, Pierre, 14, 44, 61, 65, 67, 69, 72, 77, 89, 90
Tort, Patrick, 50, 51, 70
Tressan, conde de, 105
Turgot, barão de, 25
Turing, Alan Mathison, 92, 93
Tycho-Brahe, 97, 123

Urbano VIII, 30

Vallot, Joseph, 118

Vassails, Gérard, 82
Vaux, Clotilde de, 26
Vermeer, Johannes, 120
Vesálio, André, 37, 60
Vinci, Leonardo da, 20, 37, 121

White, Gilbert, 57
Wilson, Edward O., 72
Woolgar, Steve, 16

Znaniecki, Florian, 48

ÍNDICE GERAL

Introdução – A história das ciências na actualidade 9

I. A finalidade da história das ciências 9
II. Universos afins 13
III. Qual a utilidade da história das ciências 16

Capítulo I – A história das ciências no passado 19

I. As condições de existência da história das ciências 19
II. A "filosofia da história das ciências" 22
III. Três construtores da disciplina 27

Capítulo II – As problemáticas recorrentes em história das ciências 35

I. O problema do descontínuo 36
II. Internalismo e externalismo 45
III. Ciência e Ideologia 49

Capítulo III. – A história das ciências e as representações do mundo 53

I. O universo cristão e a ciência ocidental 54
II. O movimento romântico e a *naturphilosophie* 58

III. A ciência chinesa vista pelo externalista Joseph Needham 61
IV. O Islão e a ciência 63

Capítulo IV. – História das ciências, ideologia e política 69

I. A ciência não é nem "pura" nem "neutra" 69
II. A ideologia poderá ser identificada com a ciência? 73
III. Os aliciantes políticos em história das ciências 78

Capítulo V – A história das ciências e a história das técnicas .. 85

I. Relações entre as ciências e as técnicas 85
II. As técnicas e os instrumentos científicos 95

Capítulo VI – Os mestres da Escola francesa 99

I. Uma poética da história das ciências: Gaston Bachelard 100
II. Georges Canguilhem e o problema do descontínuo 106

Capítulo VII – As fontes clássicas na *internet* 117

I. As fontes não verbais em história das ciências 117
II. As fontes verbais clássicas 124
III. A *internet* 125

Conclusão – A história das ciências no futuro 131

Bibliografia 133

Índice onomástico 137

Índice geral 141

Impressão e acabamento
da
CASAGRAF - Artes Gráficas Unipessoal, Lda.
para
EDIÇÕES 70, LDA.
Outubro de 2001